Compact
Schülerhilfen
INTENSIV

Mathematik
Prozentrechnen

Bruchrechnung, Proportionalität,
Prozent- und Zinsrechnung

Katja Maria Delventhal

© 1998 Compact Verlag München
Chefredaktion: Claudia Schäfer
Redaktion: Dorothee Wich, Uwe Fricke
Redaktionsassistenz: Sabine Pauli, Christian Schneider
Umschlaggestaltung: Inga Koch
Illustration: Franz Gerg
Produktionsleitung: Uwe Eckhard
Produktion: Marlene Bauer
Printed in Germany
ISBN 3-8174-7043-6
7370431

Wie du mit diesem Buch lernen kannst!

Prozentrechnen ist einfacher als du denkst. Wenn du erst einmal die wichtigsten Regeln durch anschauliche Beispiele kennen gelernt hast, werden dir die anschließenden Übungen nicht mehr schwer fallen. Dieses Buch unterstützt dich dabei, Regeln zu verstehen, sie anzuwenden und dir damit die kleine Welt der Prozentrechnung zu erschließen.

Am Anfang der Kapitel findest du einen Eingangstest, mit dem du herausfinden kannst, wie sicher du schon bist und was du besonders üben musst.

Mit dem Schlusstest am Ende eines Kapitels kannst du deinen Lernerfolg überprüfen.

Regeln findest du neben dem Stoppzeichen in den grünen Kästen. Die Beispiele darunter verdeutlichen noch einmal die Lerninhalte.

Tipps und Hinweise stehen in den helleren Kästen. Hier kannst du einige Kniffe lernen, die dir die Prozentrechnung erleichtern.

Diese Aufgaben sollst du im Buch lösen.

Ein eigenes Heft brauchst du für diese Übungen.

Dieser Löwe zeigt dir die Erholungsseiten. Hier kannst du dich mit Knobelaufgaben entspannen.

Viel Spaß beim Lernen!

Bruchrechnen

1. Erweitere mit 7:

a) $\dfrac{1}{4} =$ b) $\dfrac{3}{7} =$ c) $\dfrac{4}{25} =$ 3 P ( )

2. Kürze, so weit es geht:

a) $\dfrac{4}{12} =$ b) $\dfrac{42}{63} =$ c) $\dfrac{24}{84} =$ 3 P ( )

3. Addiere die Brüche:

a) $\dfrac{1}{5} + \dfrac{3}{5} =$ b) $\dfrac{1}{9} + \dfrac{2}{3} =$ 2 P ( )

4. Multipliziere und kürze nach Möglichkeit das Ergebnis:

a) $\dfrac{1}{2} \cdot \dfrac{1}{2} =$ b) $\dfrac{3}{6} \cdot \dfrac{18}{27} =$ 2 P ( )

5. Schreibe um in Dezimalbrüche bzw. in Zehnerbrüche:

a) 0,75 =   b) 2,3 =   c) 9,105 =

d) $\dfrac{1}{10} =$ e) $\dfrac{273}{100} =$ f) $\dfrac{57}{100} =$ 6 P ( )

Gesamtpunktzahl

[ ]/16

Testauswertung:
11-16 Punkte: Spitze! Du wirst bei diesem Kapitel keine Probleme haben!
5-10 Punkte: Ganz sicher bist du noch nicht, aber mit etwas Übung wirst du bald keine Schwierigkeiten mehr haben!
0- 4 Punkte: Schnell an die Arbeit, dann wirst du bald besser sein!

Brüche

Zerteilt man einen Balken in drei gleich große Stücke, so erhält man drei Bruchteile des Balkens. Die Größe eines jeden Bruchteiles entspricht einem Drittel der Größe des gesamten Balkens.

Balken

zersägter Balken

$$\frac{1}{3} \quad \frac{1}{3} \quad \frac{1}{3}$$

$\frac{1}{3}$ wird gesprochen: ein Drittel

Brüche sind: $\frac{3}{34}, \frac{1}{4}, \frac{3}{11}$, allgemein beschrieben:

$\frac{a}{b}$ mit a, b ganze Zahlen und $b \neq 0$.

Die untere Zahl (b) ist der **Nenner** des Bruches. Er gibt an, in wie viele Teile ein Ganzes zerlegt ist.
Die obere Zahl des Bruches (a) ist der **Zähler**. Mit ihm gibt man an, wie viele solcher Teile gezählt werden.
Der Balken zwischen beiden Zahlen ist der Bruchstrich.

Im Nenner darf niemals 0 stehen! Steht im Zähler eine Null, so ist der Bruch gleich Null, z.B.: $\frac{0}{9} = 0$.

$\frac{2}{5}$, der Nenner ist 5 und der Zähler ist zwei.

1 Schreibe als Bruchzahl:

a) Nenner: 50, Zähler: 6

b) Zähler: 3, Nenner: 7

c) Zähler: 1002, Nenner: 81

d) Nenner: 9, Zähler: 4

e) Nenner: 6, Zähler: 0

f) Zähler: 54, Nenner: 3

> Der Nenner benennt die
> Zerlegung, der Zähler
> zählt die Teile!

2 Schraffiere den Anteil der Figur, der als Bruch angegeben ist:

a) $\frac{3}{4}$

b) $\frac{3}{6}$

c) $\frac{1}{5}$

Ist der Zähler kleiner als der Nenner, so spricht man von einem **echten Bruch**.

Ist der Nenner kleiner als der Zähler, so spricht man von einem **unechten Bruch**. Ein unechter Bruch ist also größer als 1.

echter Bruch: $\dfrac{3}{4}$

unechter Bruch: $\dfrac{5}{4}$

3 Echter oder unechter Bruch? Begründe deine Entscheidung in einem kurzen Satz:

a) $\dfrac{2}{3}$ ....

b) $\dfrac{3}{1}$ ....

c) $\dfrac{35}{900}$ ....

d) $\dfrac{5}{3}$ ....

STOP Einen unechten Bruch kannst du auch als ganze Zahl oder gemischte Zahl darstellen. Eine **gemischte Zahl** ist eine ganze Zahl mit einem Bruch.

Ganze Zahlen sind z.B. 1; 2; 76 und

gemischte Zahlen sind z.B. $3\dfrac{2}{3}, 1\dfrac{6}{8}, 4\dfrac{5}{6}$.

unechter Bruch $\frac{5}{4}$ oder gemischte Zahl $1\frac{1}{4}$

Ein unechter Bruch ist kein gefälschter Bruch!

Du verwandelst einen unechten Bruch in eine ganze Zahl,

1. indem du rechnest: (Zähler) : (Nenner) = (ganze Zahl) + (Rest). Ist der Rest gleich Null, so bist du mit der Umwandlung bereits fertig.

2. indem du das Ergebnis (ganze Zahl) + (Rest) umschreibst zu:

$$(\text{ganze Zahl})\,\frac{\text{Rest}}{\text{Nenner}}$$

Umformung von $\frac{8}{4}$:

1. Man rechnet: 8 : 4 = 2 + Rest 0, also ist $\frac{8}{4} = 2$.

Umformung von $\frac{5}{4}$:

1. Man rechnet: 5 : 4 = 1 + Rest 1

2. Man schreibt das Ergebnis um zu $1\frac{1}{4}$.

4 Verwandle in ganze oder gemischte Zahlen:

a) $\dfrac{7}{4}$ .... b) $\dfrac{9}{2}$ .... c) $\dfrac{5}{1}$ .... d) $\dfrac{72}{9}$ ....

Eine ganze oder gemischte Zahl rechnest du in einen Bruch um, indem du

1. dich zunächst für einen Nenner des Bruches entscheidest, wenn es sich um eine ganze Zahl handelt;
2. für eine ganze Zahl rechnest: (ganze Zahl) · (Nenner), für eine gemischte Zahl: (ganze Zahl) · (Nenner) + (Zähler);
3. das Ergebnis in den Zähler des Bruches schreibst. Den Nenner musst du nicht berechnen.

Die ganze Zahl 7 soll in Drittel umgerechnet werden:

$7 \cdot 3 = 21$, daraus folgt: $7 = \dfrac{21}{3}$.

Die gemischte Zahl $7\dfrac{2}{3}$ soll in einen unechten Bruch umgerechnet werden:

$(7 \cdot 3) + 2 = 21 + 2 = 23$, daraus folgt: $7\dfrac{2}{3} = \dfrac{23}{3}$.

Am leichtesten ist die Umwandlung einer ganzen Zahl in **Eintel**!

$3 = \dfrac{3}{1}, 4 = \dfrac{4}{1}, 19 = \dfrac{19}{1}$

5 Wandle um in unechte Brüche:

a) $3\dfrac{6}{7}$ ....

b) $5\dfrac{1}{10}$ ....

c) 2 als 19tel ....
   (im Nenner steht die 19)

d) $4\frac{5}{8}$ ....

e) $110\frac{2}{10}$ ....

f) 19 als 5tel ....
   (im Nenner steht die 5)

Zwei Brüche sind **gleich**, wenn sie den **gleichen Anteil einer Größe** bezeichnen.

   $\frac{1}{2} = \frac{2}{4} = \frac{4}{8}$

6 Gleiche oder ungleiche Brüche? Zerlege die Balken in die angegebenen Brüche und entscheide, ob es sich um gleiche Brüche handelt:

a) $\frac{3}{6}$ und $\frac{1}{2}$

b) $\frac{1}{5}$ und $\frac{3}{10}$

c) $\frac{1}{4}$ und $\frac{7}{8}$

Bruchrechnen und Torten haben eine große Ähnlichkeit!

Kürzen und Erweitern

Die Gleichheit von zwei Brüchen kannst du durch Kürzen und Erweitern von Brüchen auch rechnerisch ermitteln.

Beim **Erweitern** multiplizierst du den Zähler und den Nenner eines Bruches mit der gleichen Zahl.

Beim **Kürzen** dividierst du den Zähler und den Nenner mit der gleichen Zahl.

Mit 2 erweitert: $\dfrac{1}{2} = \dfrac{1 \cdot 2}{2 \cdot 2} = \dfrac{2}{4}$.

Mit 2 gekürzt: $\dfrac{2}{4} = \dfrac{2 : 2}{4 : 2} = \dfrac{1}{2}$.

7 Kürze wie angegeben. Bei den Aufgaben d, e und f musst du überlegen, mit welcher Zahl zu kürzen ist, um auf den genannten Nenner zu kommen:

a) $\dfrac{3}{9}$ mit 3 kürzen

b) $\dfrac{10}{100}$ mit 10 kürzen

c) $\dfrac{8}{56}$ mit 4 kürzen   d) $\dfrac{12}{24}$ auf Achtel kürzen

e) $\dfrac{8}{12}$ auf Sechstel kürzen   f) $\dfrac{8}{32}$ auf Viertel kürzen

8   Erweitere wie angegeben:

a) $\dfrac{5}{8}$ mit 7 erweitern   d) $\dfrac{9}{1}$ mit 91 erweitern

b) $\dfrac{9}{7}$ mit 6 erweitern   e) $\dfrac{7}{13}$ mit 4 erweitern

c) $\dfrac{3}{21}$ mit 4 erweitern   f) $\dfrac{13}{15}$ mit 5 erweitern

Zwei Brüche heißen **gleichnamig**, wenn sie den **gleichen Nenner** haben. Die Gleichnamigkeit von Brüchen ist für die Addition sehr wichtig.

$\dfrac{3}{4}$ und $\dfrac{98}{4}$ sind gleichnamige Brüche, da bei beiden

Brüchen die 4 im Nenner steht.

$\dfrac{9}{5}$ und $\dfrac{9}{4}$ sind keine gleichnamigen Brüche, da einmal

die 5 und einmal die 4 im Nenner steht.

Gleichnamig ist nicht gleich!

9 Gleichnamig oder nicht? Begründe deine Entscheidung:

a) $\dfrac{4}{5}$ und $\dfrac{67}{5}$ ....

b) $\dfrac{9}{7}$ und $\dfrac{4}{17}$ ....

c) $\dfrac{6}{9}$ und $\dfrac{6}{3}$ ....

Der kleinste mögliche Nenner, der beim Gleichnamigmachen von Brüchen auftreten kann, ist **das kleinste gemeinsame Vielfache** (kgV) der Nenner. Dieser Nenner ist der **Hauptnenner** der verschiedenen Brüche.

Bei den Brüchen $\dfrac{1}{3}, \dfrac{1}{4}, \dfrac{1}{6}$ ist das kleinste gemeinsame Vielfache (kgV) der Nenner 12.

Das kgV bestimmt man sehr leicht durch die **Vielfachmengen** der Nenner. Die Vielfachmenge eines Nenners beinhaltet alle Vielfachen des Nenners.

3, 4 und 6 stehen im Nenner.
3 hat die Vielfachmenge {3, 6, 9, 12, ...}
4 hat die Vielfachmenge {4, 8, 12, ...}
6 hat die Vielfachmenge {6, 12, ...}
12 ist die kleinste gemeinsame Zahl, die in den Vielfachmengen enthalten ist.
Somit ist das kgV von 3, 4 und 6 = 12.

10 Bestimme das kgV von folgenden Zahlen:

a) 1, 2, 4   c) 3, 8, 12
b) 3, 6, 9   d) 5, 9, 15

> Den Hauptnenner von Brüchen bestimmt man mit Hilfe des kgV wie folgt:
> 1. Bestimmung des kgV;
> 2. Man rechnet: kgV geteilt durch Nenner = gesuchte Zahl, mit der der Bruch auf den Hauptnenner erweitert wird;
> 3. Man multipliziert den Zähler und den Nenner mit der gesuchten Zahl.

$\dfrac{1}{3}, \dfrac{1}{4}, \dfrac{1}{6}$ sollen auf den Hauptnenner gebracht werden:

1. Der Hauptnenner ist 12, wie bereits berechnet wurde.
2. 12 : 3 = 4 (= gesuchte Zahl)
   12 : 4 = 3 (= gesuchte Zahl)
   12 : 6 = 2 (= gesuchte Zahl)
3. Jeweilige Multiplikation durchführen:

$$\frac{1 \cdot 4}{3 \cdot 4} = \frac{4}{12} \text{ und } \frac{1 \cdot 3}{4 \cdot 3} = \frac{3}{12} \text{ und } \frac{1 \cdot 2}{6 \cdot 2} = \frac{2}{12}$$

11 Bringe die Brüche auf den Hauptnenner:

a) $\dfrac{7}{2}$ und $\dfrac{1}{14}$ ....

b) $\dfrac{3}{3}$ und $\dfrac{23}{5}$ ....

c) $\dfrac{9}{7}$ und $\dfrac{6}{8}$ ....

d) $\dfrac{1}{2}$ und $\dfrac{88}{815}$ ....

Der Hauptnenner ist die Hauptsache bei der Addition!

Addition und Subtraktion

Zwei **gleichnamige Brüche** werden **addiert**, indem man **ihre Zähler addiert**. Zwei **gleichnamige Brüche** werden **subtrahiert**, indem man **ihre Zähler subtrahiert**. Der Nenner bleibt unverändert.
Das Ergebnis sollte soweit wie möglich gekürzt werden und, wenn möglich, in eine gemischte Zahl umgerechnet werden.

$$\frac{3}{4} + \frac{3}{4} = \frac{6}{4} = \frac{6:2}{4:2} = \frac{3}{2} = 1\frac{1}{2}$$

12 Addiere und subtrahiere:

a) $\frac{1}{2} + \frac{1}{2} =$ ....

c) $\frac{7}{25} - \frac{2}{25} =$ ....

b) $\frac{13}{18} - \frac{11}{18} =$ ....

d) $\frac{3}{12} + \frac{5}{12} =$ ....

Ungleichnamige Brüche werden addiert bzw. subtrahiert, indem man

1. die Brüche gleichnamig macht und dann
2. die gleichnamigen Brüche addiert bzw. subtrahiert.

$$\frac{1}{3} + \frac{1}{2} = \frac{1 \cdot 2}{3 \cdot 2} + \frac{1 \cdot 3}{2 \cdot 3} = \frac{2}{6} + \frac{3}{6} = \frac{5}{6}$$

13 Addiere und subtrahiere:

a) $\dfrac{2}{4} - \dfrac{1}{3}$ b) $\dfrac{2}{8} + \dfrac{5}{7}$ c) $\dfrac{1}{4} - \dfrac{1}{5}$ d) $\dfrac{6}{9} + \dfrac{1}{3}$

Eine gemischte Zahl kann als das Ergebnis einer Addition aufgefasst werden.

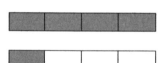

$$\frac{4}{4} + \frac{1}{4} = 1 + \frac{1}{4} = 1\frac{1}{4}$$

Gemischte Zahlen können auf zwei Weisen **addiert** werden:

1. Man verwandelt die gemischten Zahlen in gleichnamige Brüche und addiert diese.
2. Man addiert die ganzen Zahlen und die Brüche. Die Brüche müssen jedoch gleichnamig sein bzw. vor dem Addieren gleichnamig gemacht werden.

1. $1\dfrac{1}{4} + 1\dfrac{2}{4} = \dfrac{5}{4} + \dfrac{6}{4} = \dfrac{11}{4} = 2\dfrac{3}{4}$

2. $1\dfrac{1}{4} + 1\dfrac{2}{4} = 2 + \dfrac{3}{4} = 2\dfrac{3}{4}$

Ich addiere,
bis ich es kapiere!

14 Addiere:

a) $1\dfrac{1}{3} + 3\dfrac{1}{3} =$ ....

b) $3\dfrac{1}{8} + 2\dfrac{3}{4} =$ ....

c) $3\dfrac{12}{14} + 1\dfrac{6}{7} =$ ....

Gemischte Zahlen werden **subtrahiert**, indem man sie zuerst in gleichnamige Brüche verwandelt und sie dann subtrahiert.

$$2\dfrac{4}{7} - 1\dfrac{1}{7} = \dfrac{18}{7} - \dfrac{8}{7} = \dfrac{10}{7} = 1\dfrac{3}{7}$$

15 Subtrahiere:

a) $9\frac{1}{4} - 2\frac{3}{4}$ ....

b) $1\frac{6}{7} - 1\frac{2}{21}$ ....

c) $4\frac{15}{18} - 1\frac{1}{3}$ ....

d) $4\frac{1}{13} - 3\frac{1}{2}$ ....

Multiplikation und Division

Man multipliziert Brüche, indem man ihre **Zähler multipliziert und ihre Nenner multipliziert**. Eine gemischte oder ganze Zahl verwandelt man zunächst in einen Bruch, um ihn mit einem anderen Bruch zu multiplizieren.

$$\frac{1}{2} \cdot \frac{1}{3} = \frac{1 \cdot 1}{2 \cdot 3} = \frac{1}{6}$$

$$1\frac{2}{5} \cdot \frac{4}{5} = \frac{7 \cdot 4}{5 \cdot 5} = \frac{28}{25} = 1\frac{3}{25}$$

16 Multipliziere:

a) $\frac{2}{4} \cdot \frac{9}{7} =$ ....

c) $1\frac{5}{7} \cdot \frac{1}{2} =$ ....

b) $\frac{7}{8} \cdot \frac{3}{1} =$ ....

d) $2\frac{1}{2} \cdot 1\frac{1}{2} =$ ....

Bei der Multiplikation von Brüchen kann es günstig sein, erst zu **kürzen** und dann zu multiplizieren. Durch das Kürzen werden die Zahlen kleiner und dadurch wird die Gefahr geringer, sich zu verrechnen.

Beim Kürzen von Produkten ist zu beachten, dass auch Zahlen aus dem Zähler und dem Nenner gekürzt werden dürfen, die nicht genau untereinander stehen.

$$\frac{2}{3} \cdot \frac{6}{4} = \frac{2 \cdot 6}{3 \cdot 4} = \frac{12}{12} = 1$$

$$\frac{2}{\mathbf{3}} \cdot \frac{\mathbf{6}}{4} = \frac{2 \cdot \mathbf{6}}{\mathbf{3} \cdot 4}$$ 6 und 3 werden mit 3 gekürzt

$$= \frac{\mathbf{2 \cdot 2}}{1 \cdot \mathbf{4}}$$ (2 · 2) = und 4 werden mit 4 gekürzt

$$= \frac{1 \cdot 1}{1 \cdot 1} = 1$$

17   Multipliziere:

a) $\dfrac{3}{4} \cdot \dfrac{28}{6} =$ ....

b) $\dfrac{12}{9} \cdot \dfrac{18}{24} =$ ....

c) $1\dfrac{7}{88} \cdot \dfrac{64}{30} =$ ....

Man **dividiert** eine Zahl durch einen Bruch, indem man die Zahl **mit dem Kehrwert des Bruches multipliziert**.
Den Kehrwert eines Bruches bildet man, indem man Zähler und Nenner vertauscht. Wie bei der Multiplikation werden ganze Zahlen und gemischte Zahlen zunächst in Brüche verwandelt, bevor man mit der Division beginnt.

$$\text{Der Kehrwert ist von } \frac{1}{3} = \frac{3}{1} = 3 \text{ und von } \frac{5}{3} = \frac{3}{5}.$$

$$\text{Man dividiert } \frac{1}{3} : \frac{5}{3} = \frac{1}{3} \cdot \frac{3}{5} = \frac{3}{15} = \frac{1}{5}.$$

18 Dividiere:

a) $\dfrac{1}{2} : \dfrac{2}{3}$

b) $\dfrac{1}{4} : \dfrac{9}{8}$

c) $\dfrac{4}{7} : \dfrac{6}{14}$

d) $\dfrac{9}{8} : \dfrac{81}{4}$

e) $1\dfrac{7}{8} : \dfrac{2}{4}$

f) $\dfrac{1}{12} : 1\dfrac{2}{3}$

Ein **Doppelbruch** ist ein Bruch, in dessen Zähler und Nenner ein Bruch steht. Da Bruchstriche auch als Geteilt-durch-Zeichen gelesen werden können, handelt es sich bei dieser Schreibweise um eine andere Darstellung von einer Division zweier Brüche.

$$\frac{\dfrac{1}{2}}{\dfrac{7}{8}} = \frac{1}{2} : \frac{7}{8} = \frac{1}{2} \cdot \frac{8}{7} = \frac{1 \cdot 8}{2 \cdot 7} = \frac{1 \cdot 4}{1 \cdot 7} = \frac{4}{7}$$

Ein Doppelbruch ist doppelt kompliziert!

Bei der Multiplikation und Division von Brüchen gelten dieselben **Vorzeichenregeln** beim Rechnen, wie du sie schon kennst:

Vorzeichenregeln:

$$(+) \cdot (+) = (+) \text{ und } (-) \cdot (-) = (+)$$

$$(+) \cdot (-) = (-) \text{ und } (-) \cdot (+) = (-)$$

19 Berechne:

a) $\left(-1\frac{1}{4}\right) : \left(\frac{20}{3}\right) =$ ....

b) $\left(-\frac{3}{144}\right) \cdot \left(\frac{12}{27}\right) =$ ....

Auch in der Bruchrechnung gilt für die Reihenfolge der Rechenschritte: **Klammer- vor Punkt- vor Strichrechnung**.

1) $\dfrac{3}{4} \cdot \dfrac{1}{5} + \dfrac{7}{20} = \dfrac{3 \cdot 1}{4 \cdot 5} + \dfrac{7}{20} = \dfrac{3}{20} + \dfrac{7}{20} = \dfrac{10}{20} = \dfrac{1}{2}$

2) $\dfrac{3}{4} \cdot \left(\dfrac{1}{5} + \dfrac{7}{20} \right) = \dfrac{3}{4} \cdot \left(\dfrac{4}{20} + \dfrac{7}{20} \right) = \dfrac{3}{4} \cdot \dfrac{11}{20} = \dfrac{3 \cdot 11}{4 \cdot 20} = \dfrac{33}{80}$

20 Berechne:

a) $\dfrac{1}{2} \cdot \left(\dfrac{2}{5} + \dfrac{1}{5} \right)$

b) $1\dfrac{1}{8} + \dfrac{1}{20} \cdot 2\dfrac{1}{2}$

Dezimalbrüche

Ein Zentimeter besteht aus 10 Millimetern, d.h. der zehnte Teil eines Zentimeters ist ein Millimeter. Es ist:

$10 \text{ mm} = 1 \text{ cm}$ und $1 \text{ mm} = 0,1 \text{ cm} = \dfrac{1}{10} \text{ cm}$.

0 cm   0,5 cm   1,0 cm $1 \text{ mm} = 0,1 \text{ cm}$

$\dfrac{1}{10} \text{ cm}$

$0,1 \text{ cm}$ und $\dfrac{1}{10}$ cm bezeichnen den gleichen Anteil an einem Zentimeter. Diese Aussage lässt sich verallgemeinern. Zehnerbrüche – das sind Brüche, in deren Nenner 10, 100, 1000, ... steht – können als Dezimalbrüche geschrieben werden. Dezimalbrüche sind Kommazahlen, z.B. 3,12 oder 4,789.

$$3,1 = 3\frac{1}{10}$$

$$3,12 = 3\frac{12}{100}$$

$$3,125 = 3\frac{125}{1000}$$

21 Schreibe um:

a) $0,274 =$ ....

b) $2,856 =$ ....

c) $4,8 =$ ....

d) $\dfrac{58}{100} =$ ....

e) $\dfrac{7}{1000} =$ ....

f) $9\dfrac{4}{10} =$ ....

> Schreibst du die **Dezimalbrüche in Zehnerbrüche** um, dann gelten die dir bekannten und auf den vorhergehenden Seiten eingeübten Rechenregeln.

$$0,37 + 0,45 = \frac{37}{100} + \frac{45}{100} = \frac{82}{100} = 0,82$$

$$0,1 \cdot 0,97 = \frac{1}{10} \cdot \frac{97}{100} = \frac{1 \cdot 97}{10 \cdot 100} = \frac{97}{1000} = 0,097$$

22 Berechne, indem du die Dezimalbrüche in Zehnerbrüche umformst und schreibe das Ergebnis als Dezimalbruch:

a) $6,9 + 1\dfrac{1}{10}$

b) $(-1,75) + 0,78$

c) $1,2 : 0,4$

d) $\dfrac{4}{10} \cdot (0,7 - 0,5)$

e) $1\dfrac{2}{10} + 0,8$

f) $9,2 : \left(2 : \dfrac{5}{10}\right)$

Auf zum Test!

Bruchrechnen

TEST 2

1. Mache gleichnamig:

   a) $\dfrac{1}{4}$ und $\dfrac{1}{3}$

   b) $\dfrac{6}{7}$ und $\dfrac{2}{3}$

   4 P ( )

2. Subtrahiere und kürze, wenn möglich, das Ergebnis:

   a) $\dfrac{11}{12} - \dfrac{5}{6} =$ b) $-\dfrac{2}{9} - \dfrac{6}{27} =$ 3 P ( )

3. Dividiere und kürze nach Möglichkeit das Ergebnis:

   a) $\dfrac{15}{20} : \dfrac{3}{4} =$ b) $\dfrac{2}{7} : \dfrac{4}{21} =$ 2 P ( )

4. Berechne, indem du zuerst in Zehnerbrüche umwandelst:

   a) 0,4 + 0,85 =
   b) 2,71 − 1,90 =   2 P ( )

5. Berechne:

   $\dfrac{\dfrac{9}{15}}{\dfrac{63}{135}} =$ 2 P( )

Gesamtpunktzahl

[   ]/13

Testauswertung:
10-13 Punkte: Die Bruchrechnung beherrschst du ausgezeichnet!
 5- 9 Punkte: Ganz sicher bist du noch nicht, aber den Test hast du bestanden!
 0- 4 Punkte: Schnell noch mal an die Arbeit, dann wirst du bald besser sein!

In einem Zauberquadrat ist die Summe der Zahlen, die in einer Zeile, einer Spalte und einer Diagonalen stehen, immer gleich. Verteile die angegebenen Brüche so in die leeren Felder des Quadrats, dass die Summe immer $\frac{15}{3}$ ergibt.

$$\frac{1}{3}, \frac{2}{3}, \frac{4}{3}, \frac{5}{3}, \frac{7}{3}, \frac{8}{3}$$

	$\frac{9}{3}$	
$\frac{3}{3}$		
		$\frac{6}{3}$

Proportionalität

TEST 3

1. Gib den Proportionalitätsfaktor für Ausgangswerte a
   und Zielwerte b an bei einer
   a) direkten Proportion:
   b) umgekehrten Proportion: 2 P ( )

2. Erstelle eine Wertetabelle:
   100 g Käse kosten   2,00 DM
   200 g Käse kosten   4,00 DM
   500 g Käse kosten   10,00 DM
   750 g Käse kosten   15,00 DM

                                                             4 P ( )

3. Begründe mit Hilfe des Proportionalitätsfaktors, ob
   es sich um eine direkte oder umgekehrte Proportion
   handelt: ....2 P ( )

4. Übertrage die Wertetabelle in ein Koordinatensystem:

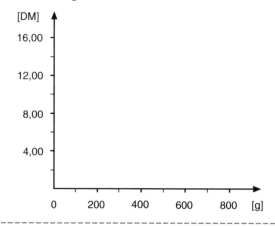

Gesamtpunktzahl

[   ]/12   4 P ( )

Proportion

Das Wort **Proportion** kommt aus der lateinischen Sprache und bedeutet übersetzt (Größen-) **Verhältnis**. In der Mathematik beschäftigt man sich bei dem Thema Proportionalität mit der Frage, in welchem Verhältnis Größen bzw. Zahlen zueinander stehen.

1 kg   Äpfel kostet   2,00 DM
2 kg   Äpfel kosten   4,00 DM
4 kg   Äpfel kosten   8,00 DM

Frage: „Wie ist das Verhältnis von Menge zu Preis?"

Durch eine eindeutige Zuordnungsvorschrift g wird einem **Ausgangswert a** genau ein **Zielwert b** zugeordnet. Die Zuordnung wird durch ↦ ausgedrückt.

Zuordnungsvorschrift g: a ↦ b   (lies: a wird zugeordnet b)

Für das obige Beispiel bedeutet dies:
a = Menge in kg   und   b = Preis in DM.
Durch g wird 1kg ↦ 2,00 DM zugeordnet.
Das Beispiel kann in einer Wertetabelle zusammengefasst werden:

a = Menge in kg	1	2	4
b = Preis in DM	2	4	8

23 Fasse in einer Wertetabelle zusammen:

1 l	Wasser kostet	3,00 DM
3 l	Wasser kosten	9,00 DM
5 l	Wasser kosten	15,00 DM
7 l	Wasser kosten	21,00 DM

Direkt proportional

Bei einer **direkten Proportion** ist der Quotient

$$\frac{b}{a} = \frac{\text{Zielwert}}{\text{Ausgangswert}}$$ eine feste Zahl c.

Diese Zahl c ist der **Proportionalitätsfaktor**. Verschiedene direkte Proportionen können verschiedene Proportionalitätsfaktoren haben, aber eine bestimmte direkte Proportion hat immer den gleichen Proportionalitätsfaktor.

a = Menge in kg	1	2	4
b = Preis in DM	2	4	8

$$\frac{b}{a} = 2$$

a = Menge in Liter	1	3	5	7
b = Preis in DM	3	9	15	21

$$\frac{b}{a} = 3$$

24 Überprüfe, ob es sich um eine direkte Proportion handelt oder nicht. Begründe deine Antwort:

a = Anzahl an Broten	1	3	8	10
b = Preis in DM	5	15	40	45

....

....

....

Eine direkte Proportion erkennst du leicht mit der folgenden Regel: **Verdoppelt**, verdreifacht, vervierfacht, ... **sich der Ausgangswert** a, so **verdoppelt**, verdreifacht, vervierfacht, ... **sich der Zielwert** b.

Direkte Proportion:

a	1	2	3
b	4	8	12

1 verdoppelt ist 2 und 4 verdoppelt ist 8.
1 verdreifacht ist 3 und 4 verdreifacht ist 12.

Stellt man die Zahlenpaare (a, b) **einer direkten Proportion** als Punkte in einem Koordinatensystem dar und verbindet diese Punkte, so erhält man **eine Gerade**. Die Gerade y verläuft durch den **Nullpunkt**. Das Zahlenpaar (0, 0) liegt im Nullpunkt.

Bei der Darstellung in einem Koordinatensystem ist zu beachten, dass die Werte von a von der waagerechten Achse aus und die Werte von b von der senkrechten Achse aus aufgetragen werden.

Koordinatensystem für das vorherige Beispiel:

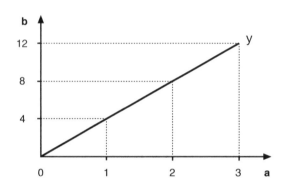

 25 Stelle die direkte Proportion in einem Koordinatensystem dar:

a	1	2	3	4
b	2	4	6	8

Wird die Proportion jetzt umgekehrt?

Umgekehrt proportional

Bei einer **umgekehrten Proportion** ist das Verhältnis vom Ausgangswert a zum Zielwert b gegeben durch:
a · b = (Ausgangswert) · (Zielwert) = c

STOP

Es gibt eine Pizza. Je nach Anzahl der Personen, die sich die Pizza gerecht teilen, erhält jede Person folgenden Anteil an der Pizza:

1 Person	erhält	1	Pizza
2 Personen	erhalten je	$\frac{1}{2}$	Pizza
3 Personen	erhalten je	$\frac{1}{3}$	Pizza
4 Personen	erhalten je	$\frac{1}{4}$	Pizza

26 Berechne für oben stehendes Beispiel den Proportionalitätsfaktor nach der angegebenen Formel:

....

Auch bei umgekehrten Proportionen gilt: Verschiedene umgekehrte Proportionen können verschiedene Proportionalitätsfaktoren haben, aber bei einer bestimmten umgekehrten Proportion ist der Proportionalitätsfaktor stets gleich.

STOP

Zwei Beispiele für umgekehrte Proportionen:

a	1	3	4	5
b	60	20	15	12

$a \cdot b = 60$

a	2	4	6	8
b	48	24	16	12

$a \cdot b = 96$

27 Frauke hat Freunde eingeladen und hat deshalb Kekse gebacken. Nun überlegt sie: „Hätte ich niemanden eingeladen, könnte ich alle 72 Kekse alleine essen. Kämen nur 2 Freunde, bekäme jeder von ihnen 36 Kekse. Bei 9 Freunden wären es 8 Kekse pro Person, bei 6 Freunden 12 Kekse, bei 3 Freunden 24 Kekse und bei 4 Freunden wären es 18 Kekse, die jeder erhält."

a) Lege eine Wertetabelle an mit a = Anzahl der Freunde, die zu Frauke kommen und b = Anzahl der Kekse pro Person.
b) Berechne den Proportionalitätsfaktor.

Eine umgekehrte Proportion erkennst du leicht daran, dass das **Verdoppeln**, Verdreifachen, Vervierfachen, ... **des Ausgangswertes** zur Folge hat, dass der entsprechende **Zielwert halbiert**, gedrittelt, geviertelt, ... wird.

Umgekehrte Proportion

a	1	2	3
b	12	6	4

1 verdoppelt ist 2 und 12 halbiert ist 6.
1 verdreifacht ist 3 und 12 gedrittelt ist 4.

Genau andersherum als bei der direkten Proportion!

Auch eine **umgekehrte Proportion** kann in einem **Koordina-tensystem** anschaulich dargestellt werden. Dazu trägt man die Punktepaare (a, b) in das Koordinatensystem ein und verbindet sie durch eine Linie.
Die Kurve, die sich dabei ergibt, heißt **Hyperbel**.

a	0,5	1	2	5	10
b	10	5	2,5	1	0,5

Das obige Beispiel in einem Koordinatensystem dargestellt:

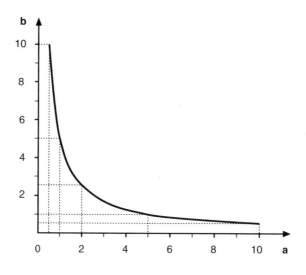

28 Trage folgende umgekehrte Proportion in ein Koordinatensystem ein:

a	1	2	4	5
b	40	20	10	8

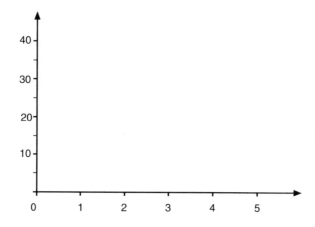

Proportionalität

1. Was kannst du über die Zielwerte b aussagen, wenn die Ausgangswerte a verdoppelt und verdreifacht werden bei einer
   a) direkten Proportion: ....
   b) umgekehrten Proportion: .... 2 P ( )

2.

a	1	2	3	9
b	9	4,5	3	1

   a) Berechne den Proportionalitätsfaktor: ....
   b) Begründe mit dem Proportionalitätsfaktor, um was
      für eine Proportion es sich handelt: .... 4 P ( )

3. Übertrage die Wertetabelle in ein Koordinatensystem:

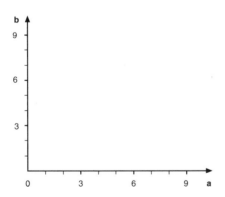

4 P ( )

4. Begründe mit Hilfe der Kurve, ob es sich um eine
   direkte oder umgekehrte Proportion handelt:

Gesamtpunktzahl

.... 2 P ( )   [   ]/12

Bestimme das Verhältnis vom Abstand zu den Strichen und gib den Proportionalitätsfaktor an!
Handelt es sich um eine direkte oder umgekehrte Proportion, und wie ist der Proportionalitätsfaktor?

1. _____

_____

2. _____

_____

_____

_____

3. _____

_____

_____

_____

_____

Grundlagen
der Prozentrechnung

1. Schraffiere 30 % und 70 % innerhalb des Balkens:

   2 P ( )

2. Wandle um in

   a) Prozentangaben: 0,39; $\dfrac{74}{100}$

   b) Dezimalbrüche: 44 %, 89 %   4 P ( )

3. Benenne bei der folgenden Aussage den Prozentwert,
   den Prozentsatz und den Grundwert:
   Von 50 kg Äpfel sind 30 kg von der Sorte Boskop,
   also 60 %.

   ....

   ....   3 P ( )

4. Berechne den Prozentwert nach dem Dreisatz:
   Olaf hat eine 200 g schwere Tafel Schokolade.
   40 % der Schokolade möchte er für sich behalten.
   Wie viel Gramm möchte er für sich behalten?

   ....

   ....

   ....   3 P ( )

Gesamtpunktzahl

[   ]/12

Vergleichszahl 100

Prozent ist von dem lateinischen Wort **centum** abgeleitet, was übersetzt **einhundert** bedeutet. Die Silben **pro** und **zent** bedeuten soviel wie: **auf/von einhundert**. Das mathematische Zeichen für Prozent ist **%**.

Man schreibt: 70 % und spricht: 70 Prozent.
Man schreibt: 1 % und spricht: ein Prozent.
Man schreibt: 99 % und spricht: 99 Prozent.

Die Idee der Prozentrechnung ist, dass mehrere Teile einer Menge leicht zu vergleichen sind, wenn sie als Brüche mit einem gleichnamigen Nenner geschrieben werden. Dieser Nenner ist in der Prozentrechnung gleich 100.
Der Zusammenhang zwischen Prozent, der Einhundert im Nenner und somit der Dezimalbruchdarstellung (vgl. S. 23) ist:

$$1\ \% = \frac{1}{100} = 0{,}01 \quad \text{und} \quad 7\ \% = \frac{7}{100} = 0{,}07 \quad \text{und}$$

$$100\ \% = \frac{100}{100} = 1$$

Diese Umrechnungsregeln gelten auch für alle anderen Prozentangaben.

Inge hat 500 DM geschenkt bekommen, das sind
$$100\ \% = \frac{100}{100} \text{ von 500 DM.}$$
Die Hälfte der Summe sind 250 DM, das sind
$$50\ \% = \frac{50}{100} \text{ von 500 DM.}$$

Ein Viertel der Summe sind 125 DM, das sind

$25\ \% = \dfrac{25}{100}$ von 500 DM.

 29 Schreibe um, so dass du alle Angaben als Prozentzahl, als Bruch mit dem Nenner 100 und als Dezimalbruch in deinem Heft stehen hast:

a) 20 %

b) 0,04

c) 0,79

d) 83 %

e) 76 %

f) $\dfrac{29}{100}$

g) 0,10

h) $\dfrac{56}{100}$

Mehr als 90 % der Aufgaben habe ich gekonnt!

30 Trage die fehlenden Werte ein:

Das Gesamtgewicht einer Fuhre Kirschen beträgt 200 kg.

200 kg sind .... $= \dfrac{100}{100}$ von 200 kg.

Die Hälfte des Gewichts sind 100 kg, das sind
50 % = ... von 200 kg.
Ein Viertel des Gewichts sind 50 kg, das sind
25 % = ... von 200 kg.

Ein Fünftel des Gewichts sind 40 kg,

das sind .... $= \dfrac{20}{100}$ von 200 kg.

Ein Hundertstel des Gewichts sind 2 kg,

das sind .... $= \dfrac{1}{100}$ von 200 kg.

Fasst man die Auflistung des Beispiels von S. 40/41 in einer Tabelle zusammen, so wird deutlich, dass das Verhältnis von Prozent und Betrag in DM **direkt proportional** ist. Dem Ausgangswert „Betrag in DM" wird ein Zielwert „die angegebene Prozentzahl" zugeordnet.

In der Prozentrechnung wird die Größe, die 100 % entspricht, mit dem **Grundwert G** bezeichnet (hier: 500 DM). Die Teile vom Grundwert sind die **Prozentwerte W** (hier: 125 DM und 250 DM). Die zu den Prozentwerten gehörenden Angaben sind die **Prozentsätze p in %** (hier: 25 % und 50 %).

Das Beispiel in einer Tabelle zusammengefasst:

angegebene Prozentzahl in %	25	50	100
Betrag in DM	125	250	500

Fehlende Angaben in einer Tabelle berechnet man am leichtesten, indem man zunächst den Prozentwert von 1 % berechnet und dann auf die fehlenden Angaben schließt.
Bei dieser Methode nutzt man aus, dass es sich um eine direkte Proportion handelt (vgl. S. 30).

Prozentsätze in %	79	100
Prozentwerte in kg	?	1700

%	100 : 100 = 1	1 · 79 = 79	100
kg	1700 : 100 = 17	17 · 79 = 1343	1700

79 % entsprechen also 1343 kg.

Mache dir zur Regel: Immer zuerst 1 % berechnen!

Merke: 1 % berechnen ist wichtig!

31 Berechne die fehlenden Angaben in den Tabellen, indem du zuerst den Prozentwert von 1 % ermittelst:

p in %	1	15	40	52	60
W in DM					150

p in %	1	5	20	79	94
W in g					282

Balken, Säulen und Kreise

Prozentangaben können veranschaulicht werden. Drei Arten von **Darstellungen** sind zu unterscheiden: das Balkendiagramm, das Säulendiagramm und das Kreisdiagramm.

In der Cornelius-Schule wurde abgestimmt, ob ein Sommerfest stattfinden soll.

800 Schüler durften wählen, das sind 100 % aller Wahlberechtigten.

640 Schüler stimmten dafür, das sind $80 \% = \dfrac{80}{100} = \dfrac{8}{10}$ aller Wahlberechtigten.

160 Schüler stimmten dagegen, das sind $20 \% = \dfrac{20}{100} = \dfrac{2}{10}$ aller Wahlberechtigten.

Darstellung des Wahlergebnisses als Balkendiagramm:

80 % 20 %

Darstellung als Säulendiagramm:

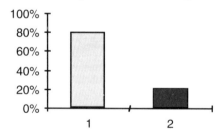

Säule 1: 80 %
Säule 2: 20 %

Darstellung als Kreisdiagramm:

Kleines Kreisstück: 20 %
Großes Kreisstück: 80 %

Bei der grafischen Darstellung eines **Balken-** und eines **Kreis-diagramms** geht man davon aus, dass 100 % einem **Ganzen** entsprechen. Die Prozentsätze werden zunächst in Brüche verwandelt. Entsprechend der Größe eines jeden Bruches wird jede Teilfläche des Ganzen (des Balkens oder des Kreises) markiert (hier: hell- und dunkelgrau).
Bei einem **Säulendiagramm** wird jeder Prozentsatz als eine einzelne Säule dargestellt. Die Höhe der Säule entspricht der Größe des Prozentsatzes.

Bei dem Balken- und dem Kreisdiagramm ist wichtig, dass alle Prozentsätze addiert insgesamt immer 100 % ergeben.

32 Berechne die fehlenden Prozentwerte und trage die grau markierten Prozentsätze in das angegebene Diagramm ein:

a)

Prozentsatz in %	1	10	20	70
Prozentwert				280

Balkendiagramm:

b)

Prozentsatz in %	1	25	75
Prozentwert			225

Kreisdiagramm:

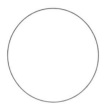

c)

Prozentsatz in %	1	10	30	60
Prozentwert				540

Dreisatz

Der **Dreisatz** ist eine mathematische Methode, mit der **in drei Schritten** ein fehlender Grundwert, Prozentwert oder Prozentsatz berechnet werden kann.

Wichtig ist, dass auch beim Rechnen mit dem Dreisatz das direkt **proportionale Verhältnis** von Prozentsatz und Prozentwert genutzt wird.

Bei der **Berechnung des Grundwertes** nach dem Dreisatz ist sowohl ein **Prozentwert** als auch ein **Prozentsatz gegeben**. Mit diesen Angaben wird der Grundwert ermittelt.

70 % entsprechen 210 kg und 100% entsprechen ? kg

Die Rechenschritte sind:
1. Schritt: 70 % $\triangleq$ 210 kg
                 100 % $\triangleq$? kg

2. Schritt: 1 % $\triangleq$ $\dfrac{210 \text{ kg}}{70} = 3$ kg

3. Schritt: 100 % $\triangleq$ 3 kg $\cdot$ 100
             = 300 kg

Antwortsatz: 100 % entsprechen 300 kg.

Die Rechenschritte in Form einer Tabelle zeigen die auf den vorhergehenden Seiten eingeübten Rechenschritte:

	Prozentwert in %		70	100
1. Schritt	Gewicht in kg		210	?

	Prozentwert in %	1	70	100
2. Schritt	Gewicht in kg	3	210	?

	Prozentwert in %	1	70	100
3. Schritt	Gewicht in kg	3	210	300

Den Antwortsatz nicht vergessen!

Der Dreisatz besteht aus drei Rechenschritten!

33 Berechne die fehlenden Grundwerte nach dem Dreisatz:

a) 45 % ≙ 15 kg und 100 % ≙ ? kg

b) 24 % ≙ 30 DM und 100 % ≙ ? DM

c) 56 % ≙ 28 l und 100 % ≙ ? l

d) 13 % ≙ 39 Schülern (S) und 100 % ≙ ? Schülern (S)

Bei **Textaufgaben** musst du genau lesen, um herauszufinden, ob eine Angabe den Grundwert, den Prozentwert oder den Prozentsatz bezeichnet.
Mit ein bisschen Übung ist dies jedoch kein Problem mehr.
Präge dir die folgenden Aufgaben genau ein, da in ihnen jeweils nach dem Grundwert gefragt wird!

34 Berechne die folgenden Textaufgaben nach dem Dreisatz. Schreibe dir zunächst auf, was gegeben ist und wonach gefragt ist:

a) Klaus arbeitet nachmittags in einem Geschäft. Er spart jeden Monat 60 % seines Verdienstes; das sind 384,00 DM. Wie viel verdient Klaus im Monat?

   ....

   ....

   ....

b) Wiebke plant eine Radtour von München nach Hamburg. Sie überlegt, dass sie nach vier Tagen 40 % der Strecke zurückgelegt hat, wenn sie täglich 85 km mit dem Rad fährt. Wie viele Kilometer sind die Städte voneinander entfernt?

   ....

   ....

   ....

c) Rolf macht eine Fruchtsaftbowle, die zu 30 % aus Orangensaft besteht. Wie viel Liter Bowle erhält er, wenn er 1,5 l Orangensaft verwendet? Wandle die Literangabe in einen Bruch um!

....

....

....

Bei der **Berechnung des Prozentwertes** nach dem Dreisatz ist sowohl der **Grundwert** als auch der Prozentsatz gegeben. Mit diesen Angaben wird der Prozentwert ermittelt.

100 % entsprechen 700 kg und 15% entsprechen ? kg

Die Rechenschritte sind:
1. Schritt: 100 % ≙ 700 kg
            15 % ≙ ? kg

2. Schritt: $1\ \% ≙ \dfrac{700\ kg}{100} = 7\ kg$

3. Schritt: 15 % ≙ 7 kg · 15
            = 105 kg

Antwortsatz: 15 % entsprechen 105 kg.

Der Prozentwert wird genauso wie der Grundwert berechnet!

Die Rechenschritte in Form einer Tabelle zeigen die auf den vorhergehenden Seiten eingeübten Rechenschritte:

1. Schritt

Prozentwert in %		15	100
Gewicht in kg		?	700

2. Schritt

Prozentwert in %	1	15	100
Gewicht in kg	7	?	700

3. Schritt

Prozentwert in %	1	15	100
Gewicht in kg	7	105	700

Der Antwortsatz lautet: 15 % entsprechen 105 kg.

35 Berechne die folgenden Aufgaben nach dem Dreisatz:

a) 100 % ≙ 168 DM und 25 % ≙ ? DM
b) Schreibe das Ergebnis als Dezimalbruch:
   100 % ≙ 35 kg und 12 % ≙ ? kg
c) 100 % ≙ 1125 m und 40 % ≙ ? m
d) 100 % ≙ 96 qm und 75 % ≙ ? qm

> Auch Textaufgaben kannst du nach dem eben eingeübten Schema lösen.
> Denke stets daran, dir die Aufgabenstellung ganz genau durchzulesen!

36 Löse folgende Textaufgaben mit dem Dreisatz:

a) Erdöl setzt sich aus verschiedenen Stoffen zusammen. Zu rund 84 % besteht es aus Kohlenstoff. Angenommen, man hat 50 l Erdöl. Wie groß ist der Anteil an Kohlenstoff bei dieser Menge Erdöl?

....

....

....

b) Frank ist auf dem Wochenmarkt und liest Folgendes: „1 kg Kartoffeln kostet 2,00 DM. Beim Kauf von 10 kg Kartoffeln zahlt man statt 20,00 DM nur 90 % des regulären Preises."
Wie viel DM sind 90 % des regulären Preises für 10 kg Kartoffeln?

....

....

....

c) Familie Schmidt hat sich ein Haus mit einem 320 qm großen Garten zugelegt. Die Familie hat beschlossen, dass 20 % der Fläche als Gemüsegarten genutzt werden sollen. Wie viel Quadratmeter Gemüsegarten wird es geben?

....

....

....

100 % von 20 % von 176 % sind?

Bei der **Berechnung des Prozentsatzes** nach dem Dreisatz ist sowohl der **Grundwert** als auch ein **Prozentwert gegeben**. Wiederum werden zwei Angaben verwendet, um die gesuchte Größe zu ermitteln.

Da der Prozentwert und der Prozentsatz im Verhältnis zueinander stehen, kann vom Prozentwert auf den Prozentsatz und umgekehrt geschlossen werden.

100 % entsprechen 72 km und 18 km entsprechen ? %

Die Rechenschritte sind:

1. Schritt: 72 km ≙ 100 %
           18 km ≙ ? %

2. Schritt: 1 km ≙ $\dfrac{100}{72}$ % = $\dfrac{50}{36}$ %

3. Schritt: 18 km ≙ $\dfrac{50 \cdot 18}{36}$ %

           = $\dfrac{50 \cdot 1}{2}$ % = 25 %

Antwortsatz: 18 km entsprechen 25 %.

Neu ist, dass diesmal nicht 1 % berechnet wird, sondern 1 km. Achte darauf, beim zweiten Rechenschritt 1 km, 1 l, 1 kg ... zu berechnen.

1. Schritt

Strecke in km		18	72
Prozentwert in %		?	100

2. Schritt

Strecke in km	1	18	72
Prozentwert in %	$\frac{50}{36}$	?	100

3. Schritt

Strecke in km	1	18	72
Prozentwert in %	$\frac{50}{36}$	25	100

Die Antwort lautet: 18 km entsprechen 25 %.

37 Berechne den Prozentsatz mit Hilfe des Dreisatzes:

a) 480 DM ≙ 100 % und 36 DM ≙ ? %
b) 25 l ≙ 100 % und 2 l ≙ ? %
c) 1560 m ≙ 100 % und 78 m ≙ ? %
d) 8450 qm ≙ 100 % und 3042 qm ≙ ? qm

Das Berechnen des Prozentsatzes kann sehr ungewohnt sein. Doch wenn du dir bei den Textaufgaben genau aufschreibst, was gegeben und was gefragt ist, solltest du keine Probleme haben.
Vorsicht: Ein häufiger Fehler ist, die gegebene Größe durch 100 zu teilen – achte bitte darauf, dass dir dieses Missgeschick nicht passiert!

Prozentsätze **nicht** durch 100 teilen!

38 Berechne die folgenden Textaufgaben mit dem Dreisatz:

a) Markus hat ein neues Buch mit 300 Seiten. Am ersten Tag hat er bereits 78 Seiten gelesen. Wie viel Prozent des Buchumfanges sind dies?

....

....

....

b) Ein Zug hat 650 Plätze. Davon sind 507 Plätze belegt. Wie viel Prozent aller Zugplätze sind besetzt?

....

....

....

c) Ina möchte sich ein Paar Inline-Skates kaufen. Das Modell, das sie sich ausgesucht hat, kostet 390,00 DM. Sie hat bereits 234,00 DM gespart. Wie viel Prozent des Kaufpreises sind 234,00 DM?

....

....

....

39 An der Otto-Schule haben 230 Schüler ihren Schulabschluss bestanden. 23 Schüler beendeten die Schule mit der Note 1, 161 Schüler mit der Note 2 oder 3 und 46 Schüler erzielten die Note 4. Berechne die Prozentsätze für die angegebenen Schülerzahlen und veranschauliche das Ergebnis in einem Säulendiagramm:

....

....

....

Säulendiagramm:

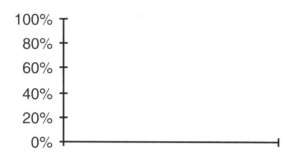

Prozente können berechnet und aufgemalt werden!

Grundlagen
der Prozentrechnung

1. Berechne die fehlenden Angaben:

Prozentsatz in %	1		67	70
Menge in kg		69		105

6 P ( )

2. Schreibe die folgenden Angaben in Prozentangaben um und trage sie in ein Kreisdiagramm ein:

$$\frac{50}{100} = \text{...............} \qquad \frac{1}{4} = \text{.................}$$

$$0,25 = \text{...............}$$

4 P ( )

3. Berechne mit dem Dreisatz:
Spart Ina 26 % ihres Geburtstagsgeldes, dann
kann sie 104,00 DM auf ihr Sparkonto bringen.
Wie viel Geld bekam sie zum Geburtstag?

....

....

.... 3 P ( )

4. Benenne den Prozentwert, den Prozentsatz und
den Grundwert aus Aufgabe 4:

....

.... 3 P ( )

Gesamtpunktzahl

[   ]/16

Auf dieser Seite siehst du eine Rechenaufgabe gelegt. Die Aufgabe ist unter Verwendung von 10 Stäben (S) in römischen Ziffern gestellt. Jeder Stab ist ein **I**.

Lege 20 % der Stäbe so um, dass du ein richtiges Ergebnis erhältst. Berechne zunächst die Anzahl der Stäbe, die umzulegen sind.

Die römischen Ziffern für die Zahlen von 1 bis 10 sehen wie folgt aus:

$$I = 1, \quad II = 2, \quad III = 3, \quad IV = 4, \quad V = 5,$$
$$VI = 6, \quad VII = 7, \quad VIII = 8, \quad IX = 9, \quad X = 10.$$

Lege um:

$$VI + I = II$$

Weiterführende Prozentrechnung

TEST 7

1. Berechne im Kopf:
   50 % von 118 kg sind ....
   20 % von 120 m sind ....
   33 % von 99 km sind ....
   10 % von 4 cm sind .... 4 P ( )

2. Gib die Formel zur Berechnung des Prozentsatzes an:
   .... 2 P ( )

3. Berechne: p % = x %, G = 540 m, W = 27 m
   .... 2 P ( )

4. Berechne mit Hilfe der Formel den Grundwert G:
   G = x l, W = 42 l, p % = 24 %
   .... 2 P ( )

5. Berechne im Kopf:
   a) 200 ‰ von 45 km sind ....
   b) 1‰ von 987 m sind .... 2 P ( )

6. Rechne um in Promille- bzw. in Prozentwerte:
   56 % =   0,1 % =
   35 ‰ =   679 ‰ =   4 P ( )

Gesamtpunktzahl

[   ]/16

Testauswertung:
12-16 Punkte: Dieses Kapitel wird dir sehr leicht fallen.
 6-11 Punkte: Nutze dieses Kapitel, um die letzten Unsicherheiten zu beseitigen.
 0- 5 Punkte: Keine Bange, bald wirst du viel besser sein!

Formelrechnen

Im vorhergehenden Kapitel hast du den Prozentsatz, den Prozentwert und den Grundwert mit Hilfe des Dreisatzes berechnet. Schneller kommst du mit Hilfe von **Formeln** zum Ziel, die zur Berechnung fehlender Angaben verwendet werden. Alle diese Formeln leiten sich vom Dreisatz ab!

Das Rechnen mit den Formeln kann anfangs ungewohnt sein, ist aber nicht schwierig.

Für das Rechnen mit Formeln ist es wichtig zu wissen, dass für Variablen (Platzhalter) Zahlen eingesetzt werden. Bei der Prozentrechnung sind für alle Variablen, bis auf die, die errechnet werden soll, Zahlen angegeben.

Gesucht: $A = ?$ kg, gegeben: $B = 4$ kg, $C = 2$
Die Formel ist: $A = (B : C) \cdot 2$
Man setzt in die Formel ein: $(4 \text{ kg} : 2) \cdot 2$
Man rechnet: $A = (4 \text{ kg} : 2) \cdot 2 = (2 \text{ kg}) \cdot 2 = 4 \text{ kg}$

40 Berechne:

a) $A = ?$, $B = 5$, $G = 4$ Formel: $A = B \cdot G$

b) $z = ?$, $H = 56$, $k = 4$ Formel: $z = H : k$

c) $ö = ?$, $k = 50$, $z = 200$ Formel: $ö = \dfrac{k \cdot 10}{z}$

Prozentrechnung mit Formeln

Für die Formel werden die bereits eingeführten Abkürzungen verwendet: Grundwert G, Prozentwert W und Prozentsatz p %.

Präge dir diese Abkürzungen gut ein. Auf den folgenden Seiten werden sie noch oft verwendet.

Die Formeln waren sehr leicht zu berechnen!

Berechnung des Grundwertes nach einer Formel:
Die Formel zur Berechnung des Grundwertes fasst die Rechenschritte des Dreisatzes zusammen.

Gesucht: G = x kg (statt ? schreibt man auch: x),
gegeben: W = 80 kg, p % = 40 %

Der Dreisatz	**Die Formel**

1. $40 \% \triangleq 80$ kg
   $100 \% \triangleq ?$ kg   gesucht: G = x kg

2. $1 \% \triangleq \dfrac{80}{40}$ kg = 2 kg   gerechnet wurde: $1 \% = \dfrac{W}{p}$

3. $100 \% \triangleq 2 \cdot 100$ kg   gerechnet wurde: $G = \dfrac{W \cdot 100}{p}$
   = 200 kg

Die Formel zur Berechnung des Grundwertes ist: $G = \dfrac{W \cdot 100}{p}$.

Gesucht: G = x m, gegeben: W = 150 m, p % = 20 %

$$G = \frac{150 \cdot 100}{20} \ m = \frac{150 \cdot 5}{1} \ m = 750 \ m$$

100 % sind 750 m.

41 Berechne nach der Formel:

a) W = 7 kg, p % = 35 %, G = x kg

....

b) W = 48 l, p % = 64 %, G = x l

....

c) W = 210 m, p % = 15 %, G = x m

....

d) W = 301 cm, p % = 86 %, G = x cm

....

Bevor du mit dem Rechnen beginnst, solltest du dir notieren, welche Angaben gegeben sind und nach welcher Angabe gefragt ist.

Isabel ist bereits 15 % der Strecke, das sind 340 km, gefahren. Wie lang ist die Strecke insgesamt?

Gesucht: G = x km, gegeben: W = 340 km, p %= 15 %

42 Berechne die folgenden Textaufgaben:

a) Speisesalz besteht zu 97 % aus dem Salz Natriumchlorid und zu 3 % aus anderen Salzen. Wie viel Gramm Speisesalz sind vorhanden, wenn der Anteil an Natriumchlorid 485 g beträgt?

b) Susi hat sich ein Comic gekauft. Sie rechnet sich aus, dass das Buch 96 Pf billiger wäre, wären in dem Preis nicht 16 % Mehrwertsteuer enthalten. Wie viel DM hat sie für das Buch bezahlt?

c) Uwe hat gelesen, dass der menschliche Körper zu 60 % aus Wasser besteht und 1 Liter Wasser 1 kg wiegt. Er schaut an sich herunter und versucht sich vorzustellen, dass in seinem Körper demnach 33 l Wasser enthalten sein müssen. Wie viel wiegt Uwe?

Berechnung des Prozentwertes nach einer Formel:
Die Herleitung der Formel zur Berechnung des Prozentwertes ist anhand der Schritte des Dreisatzes dargestellt.

Gesucht: W = x DM,
gegeben: G = 80,00 DM, p % = 30 %

Der Dreisatz   **Die Formel**

1. 100 % $\triangleq$ 80,00 DM
30 % $\triangleq$? DM   gesucht: W = x DM

2. $1\% \triangleq \dfrac{80}{100}$ DM $= \dfrac{4}{5}$ DM gerechnet wurde: $1\% = \dfrac{G}{100}$

3. $30\% \triangleq \dfrac{4 \cdot 30}{5}$ DM   gerechnet wurde: $W = \dfrac{G \cdot p}{100}$

   $= 24$ DM

 Die Formel zur Berechnung des Prozentwertes ist: $\mathbf{W = \dfrac{G \cdot p}{100}}$.

$W = x$ kg, $G = 24$ kg, $p\% = 50\%$

$W = \dfrac{24 \cdot 50}{100}$ kg $= \dfrac{24 \cdot 1}{2}$ kg $= 12$ kg

Von 24 kg entsprechen 50 % gleich 12 kg.

43 Berechne nach der Formel:

a) $G = 170$ l, $p\% = 15\%$, $W = x$ l

....

b) $G = 25$ qm, $p\% = 2\%$, $W = x$ qm

....

c) $G = 760$ m, $p\% = 15\%$, $W = x$ m

....

d) $G = 620,00$ DM, $p\% = 35\%$, $W = x$ DM

....

 Sich eine Formel zu merken ist nicht immer einfach. Hast du aber verstanden, wie die Formel aufgebaut ist, kannst du sie jederzeit aus dem Kopf wieder selber entwickeln und brauchst keine Angst zu haben, wenn du sie mal vergessen hast.

Versuche als Übung für dich, die Formel aus dem Kopf zu entwickeln.

44 Berechne folgende Textaufgaben mit Hilfe der Formel:

a) Der tiefste Graben der Welt (der Marianengraben) ist 11 022 m tief, weicht also 11 022 m vom Meeresspiegel ab. Die Abweichung vom Meeresspiegel zum höchsten Berg der Welt beträgt fast exakt 80 % von der Abweichung des Marianengrabens. Wie hoch ist der Berg etwa?

b) Jan hat bei einem Trödler einen Tisch für 56,00 DM gekauft. Er verkauft ihn wieder mit einem Gewinn von 5 %. Wie viel Geld hat er verdient?

c) In einer Anzeige steht: „Alle Preise um 30 % reduziert!". Wie viel Geld spart man beim Kauf eines Rades, das regulär 690,00 DM kostet?

Das Rechnen mit Formeln ist viel schneller als mit dem Dreisatz!

Berechnung des Prozentsatzes nach einer Formel:
Die Herleitung der Formel zur Berechnung des Prozentsatzes stellt wiederum die Schritte des Dreisatzes dar.

Gesucht: W = x,
gegeben: G = 80,00 DM, p % = 30 %

Der Dreisatz   **Die Formel**

1. 90 m $\triangleq$ 100 %
   45 m $\triangleq$? %   gesucht: p % = x %

2. 1 m $\triangleq \dfrac{100}{90}$ gerechnet wurde: 1 m $= \dfrac{100}{G}$

3. 45 m $\triangleq \dfrac{45 \cdot 100}{90}$ gerechnet wurde: p $= \dfrac{W \cdot 100}{G}$

   $= \dfrac{1 \cdot 100}{2} = 50$

STOP Die Formel zur Berechnung des Prozentwertes ist: $\mathbf{p = \dfrac{W \cdot 100}{G}}$.

p % = x %, G = 24 kg, W = 6 kg

$p = \dfrac{6 \cdot 100}{24} = \dfrac{1 \cdot 100}{4} = \dfrac{25}{1} = 25$

6 kg von 24 kg entsprechen 25 %.

45 Berechne nach der Formel:

a) G = 4400,00 DM, W = 11,00 DM, p % = x %

....

b) G = 190 m, W = 76, p % = x %

....

c) G = 370 h (Stunden), W = 296 h, p % = x %

....

d) G = 650 Tage, W = 39 Tage, p % = x %

....

46 Berechne die Textaufgaben mit Hilfe der Formel:

a) Herrn Meier stehen monatlich 3600,00 DM zur Verfügung. Davon zahlt er 1260,00 DM Miete. Wie viel Prozent seines monatlichen Geldes sind das?

b) Sigrid wollte sich das neue Buch ihrer Lieblingsautorin kaufen. Aber zu ihrem Unglück war das Buch zu teuer für sie. Es sollte 55,00 DM kosten. Nun hat sie dieses Buch für 33,00 DM gekauft. Wie viel Prozent des ursprünglichen Preises zahlte sie?

c) Ulrike schaute in die Wassertonne. Gestern Morgen stand das Wasser noch 150 cm hoch in der Tonne. Heute sind es nur noch 138 cm. Wie viel Prozent des Wassers sind noch vorhanden?

Prozentsätze größer als 100 %

> Bislang hast du Aufgaben berechnet, bei denen der Prozentsatz p % immer kleiner als 100 % war. Aber es gibt auch Aufgaben, bei denen der Prozentsatz p % größer als 100 % ist.

Herr Müller verdiente bislang 3700,00 DM im Monat. Nun bekommt er eine Gehaltserhöhung und verdient 4070,00 DM im Monat. Wie viel Prozent seines ursprünglichen Verdienstes hat er nun?

$$p = \frac{4070 \cdot 100}{3700} = 110$$, also verdient Herr Müller 110 %

seines ursprünglichen Gehalts.

47 Berechne die fehlenden Angaben:

a) G = 32,00 DM, W = 42,00 DM, p % = x %

b) G = 160 kg, W = 168 kg, p % = x %

c) G = 196 l, p % = 150 %, W = x l

d) G = 25 qm, p % = 118 %, W = x qm

e) W = 411 t, p % = 137 %, G = x t

f) W = 436 m, p % = 109 %, G = x m

Ist ein Prozentsatz p % größer als 100 %, so ist der Prozentwert größer als der Grundwert.

G = 500 kg, W = 600 kg, p % = 120 %

Bei Textaufgaben musst du die Aufgabenstellung genau lesen um herauszufinden, ob der Prozentsatz p % größer als 100 % sein wird. Achte sorgfältig darauf, was als Grundwert und was als Prozentwert angegeben wird.

Prozentsatz p % größer als 100 %:
Maike hat 500,00 DM gespart und bekommt 50,00 DM geschenkt. Nun hat sie 550,00 DM. Wie viel Prozent ihres ursprünglich gesparten Geldes sind das?

Prozentsatz p % kleiner als 100 %:
Maike bekommt 50,00 DM geschenkt und legt das Geld zu ihren Ersparnissen, die sich damit auf 550,00 DM belaufen. Wie viel Prozent der Ersparnisse entsprechen die 50,00 DM?

48 Bei drei der vier folgenden Textaufgaben ist der Prozentsatz p % größer als 100 %. Lies die Aufgaben deshalb sorgfältig durch:

a) In der Johann-Schule wurde über die Einführung einer Pausenmilch abgestimmt. Da bei der ersten Wahl nur 72 Schüler (S) abstimmten, gab es wegen der geringen Wahlbeteiligung eine zweite Wahl. Diesmal beteiligten sich 252 Schüler. Wie viel Prozent sind dies gemessen an der ersten Wahl?

b) Sven bessert sich mit Nachhilfestunden sein Taschengeld auf. Diesen Monat, so sein erfreuliches Ergebnis, hat er 138,00 DM verdient, was 115 % seines Verdienstes im vorigen Monat entspricht. Wie viel DM verdiente er im letzten Monat?

c) Die monatlich stattfindenden Schulkonzerte wurden im Durchschnitt von 69 Schülern besucht. Diesen Monat – es war das letzte Konzert vor den großen Ferien – kamen 460 Schüler zum Konzert. Wie viel Prozent kamen in den vorherigen Monaten im Durchschnitt ins Konzert, gemessen am letzten, gut besuchten Konzert?

d) Im Vorjahr erntete Familie Schmidt 24 kg Erdbeeren in ihrem Garten. Dieses Jahr beträgt ihre Ernte 125 % des Vorjahres. Wie viel Kilogramm Erdbeeren erntete Familie Schmidt dieses Jahr?

Ich hätte gerne 46 % der Erdbeeren!

Tipps für Textaufgaben

Wird ein Prozentsatz in Form eines Bruches angegeben, so muss der Prozentsatz zunächst in eine Prozentzahl umgerechnet werden.

$\dfrac{3}{4}$ der 700 g schweren Torte wurden bereits verspeist.

Wie viel Gramm Torte sind gegessen worden?

Es ist zu berechnen, wie viel $\dfrac{3}{4} = \dfrac{3 \cdot 25}{4 \cdot 25} = \dfrac{75}{100} = 75\ \%$

von 700 Gramm sind.

49 Berechne folgende Aufgaben:

a) In einer Kleinstadt mit 20 000 Einwohnern (E) haben $\dfrac{3}{4}$ aller Haushalte bereits eine Bio-Tonne. Wie viele Haushalte sind dies?

b) Nur noch $\frac{2}{10}$ der 25 Filzstifte (F) von Nicole schreiben. Mit wie vielen Filzstiften kann sie noch schreiben?

Die Angaben, die zur Berechnung einer Textaufgabe notwendig sind, sind nicht immer direkt angegeben, sondern müssen manchmal erst berechnet werden.

Hans hat von seinen 10 Bonbons 20 % gegessen. Wie viele Bonbons bleiben ihm noch?

20 % Bonbons hat er gegessen, also hat er noch 100 % – 20 % = 80 % der Bonbons.

Es muss berechnet werden, wie viel 80 % der Bonbons sind.

50 Berechne:

a) Frau Müller hat 80 % ihrer 350 Gartenrosen (G) beschnitten. Wie viele Rosen muss sie noch schneiden, damit alle Gartenrosen beschnitten sind?

....

....

b) Frank mag $\frac{3}{5}$ seiner Hosen (H) nicht mehr leiden. Nur zwei Hosen trägt er noch gerne. Wie viele Hosen besitzt Frank?

....

....

> **Größen** können als Dezimalbruch, z.B. 7,8 m angegeben werden. Mit Dezimalbrüchen, die im Nenner oder Zähler eines Bruches stehen, kann wie mit jeder ganzen Zahl gerechnet werden. Solltest du beim Rechnen mit Dezimalbrüchen Probleme haben, solltest du diese Lücke aufarbeiten.
>
> $p \% = x \%$, $G = 6$ m, $W = 1,2$ m

$$p = \frac{1,2 \cdot 100}{6} = \frac{1 \cdot 100}{5} = 20$$

1,2 m von 6 m entsprechen 20 %.

51   Berechne:

a) $G = x$ kg, gegeben: $W = 3,3$ kg, $p \% = 15 \%$
b) Gesucht: $p \% = x \%$, gegeben: $G = 30$ l, $W = 7,5$ l

Bald kann ich jede Aufgabe lösen!

> Werden unterschiedliche Einheiten innerhalb einer Aufgabe verwendet, sollten die unterschiedlichen Einheiten zunächst vereinheitlicht werden.

Rolf ist 1,70 m groß, während seine kleine Schwester 102 cm misst. Wie viel Prozent ist Rolf größer als seine Schwester? Umformung: 1,7 m = 170 cm, 102 cm muss nicht umgeformt werden.

52 Forme um:

a) 3 m = ... cm

b) 4 km = ... m

c) 1 Jahr = ... Monate

d) 1 l = ... ml

53 Das Bett von Hans ist 2 m lang und 90 cm breit. Wie viel Prozent beträgt die Breite von der Länge des Bettes?

Prozentrechnung im Alltag

> Prozentangaben sind Angaben über **Verhältnismäßigkeiten**. Nicht immer sind diese Angaben in Prozent angegeben, aber oftmals können sie leicht in Prozent umgerechnet werden.

Jeder zweite Haushalt hat ...
Würde nur jeder Dritte mit „ja" stimmen ...
Könnte die Umweltverschmutzung um ein Fünftel gesenkt werden ...

Mit unterschiedlichen Ausdrücken kann ein Verhältnis zum Ausdruck gebracht werden:

jeder Zweite, die Hälfte, $\frac{1}{2}$, 50 %

jeder Dritte, ein Drittel, $\frac{1}{3}$, $33\frac{1}{3}$ %

jeder Vierte, ein Viertel, $\frac{1}{4}$, 25 %

jeder Fünfte, ein Fünftel, $\frac{1}{5}$, 20 %

jeder Zehnte, ein Zehntel, $\frac{1}{10}$, 10 %

54 Schreibe folgende Aussagen derart um, dass sie eine Prozentangabe enthalten:

a) Ich habe ein Zehntel meiner Bücher gelesen.

....

....

b) Die Hälfte meines Taschengeldes habe ich schon ausgegeben.

....

....

c) Hätte ich $\frac{1}{5}$ aller CDs von Karin, wäre ich glücklich.

....

....

Vom Grundwert ausgehend, können einige Prozentsätze sehr leicht im Kopf berechnet werden:

50 % =   Grundwert geteilt durch 2

$33\frac{1}{3}$ % =   Grundwert geteilt durch 3

25 % =   Grundwert geteilt durch 4

20 % =   Grundwert geteilt durch 5

10 % =   Grundwert geteilt durch 10

50 % von 40 kg ist gleich 20 kg.
Ein Viertel = 25 % von 60 l ist gleich 15 l.

Das ist ja leicht!

55 Berechne im Kopf:

a) $33\frac{1}{3}$ % von 99 ist gleich ....

b) Ein Fünftel von 75 kg ist gleich ....

c) 10 % von 67,8 km ist gleich ....

d) Die Hälfte von 68 000 m ist gleich ....

Rechnen mit Promille

Das Wort **Promille** leitet sich, genau wie Prozent, aus der lateinischen Sprache ab und bedeutet auf/für **1000**. Das mathematische Zeichen für Promille ist ‰.
Die Promillerechnung ist ein Teilgebiet der Prozentrechnung.
Der Unterschied zwischen der Prozent- und der Promillerechnung besteht in den unterschiedlichen Vergleichszahlen.

Die Vergleichszahl bei der Prozentrechnung ist 100.
Die Vergleichszahl bei der Promillerechnung ist 1000.

Da mit ganzen Zahlen einfacher zu rechnen ist als mit Kommazahlen, werden anstelle sehr kleiner Prozentangaben die Prozentsätze in Promillesätze umgerechnet. Die Umrechnung von Prozent in Promille ist einfach:
Man multipliziert den Prozentsatz mit 10 und hat die Angabe in Promille verwandelt!

0,1 % = 1 ‰   1 % = 10 ‰
67 % = 670 ‰   89 % = 890 ‰

56 Schreibe die Angaben in Prozent- bzw. Promillesätze um:

0,7 % = ...   0,59 % = ...   12,5 % = ...

89 % = ...   1171 % = ...   4 % = ...

Die Formeln für die Promillerechnung sind mit denen der Prozentrechnung fast identisch. Nur die 100, die bei der Prozentrechnung in jeder Formel verwendet wird, ist durch eine 1000 ersetzt.

Die **Formeln für die Promillerechnung** sind:

Grundwert G : $G = \dfrac{W \cdot 1000}{p}$

Promillewert W: $W = \dfrac{G \cdot p}{1000}$

Promillesatz p ‰: $p = \dfrac{W \cdot 1000}{G}$

$G = 700$ kg, $W = 2,1$ kg, p ‰ = x ‰

$$p = \frac{2,1 \cdot 1000}{700} = \frac{2,1 \cdot 10}{7} = \frac{21}{7} = 3$$

Der Promillesatz p ‰ = 3 ‰.

Promille hat die Vergleichszahl 1000!

57 Berechne die fehlenden Werte und schreibe das Ergebnis als Dezimalbruch:

a) p ‰ = x ‰, G = 2500 kg, W = 5 kg
b) p ‰ = x ‰, G = 3 l, W = 0,012 l
c) W = x m, G = 25 m, p ‰ = 9 ‰
d) W = x ccm, G = 5000 ccm, p ‰ = 0,4 ‰
e) G = x cm, W = 3 cm, p ‰ = 125 ‰
f) G = x km, W = 3 km, p ‰ = 24 ‰

Promillewerte können bei einfachen Promillesätzen leicht im Kopf berechnet werden. Die Überlegungen dafür stimmen mit denen der Prozentrechnung überein. Der einzige Unterschied ergibt sich wiederum aus den verschiedenen Vergleichszahlen.

$$500 \text{ ‰} = \frac{500}{1000} = \frac{1}{2} \qquad 250 \text{ ‰} = \frac{250}{1000} = \frac{1}{4}$$

$$200 \text{ ‰} = \frac{200}{1000} = \frac{1}{5} \qquad 1 \text{ ‰} = \frac{1}{1000} = \frac{1}{1000}$$

Nach dem gleichen Muster wie bei der Prozentrechnung rechnet man:
500 ‰ von 200 kg ist gleich 200 kg : 2 = 100 kg.
250 ‰ von 200 kg ist gleich 200 kg : 4 = 50 kg.
200 ‰ von 200 kg ist gleich 200 kg : 5 = 40 kg.
100 ‰ von 200 kg ist gleich 200 kg : 10 = 20 kg.
10 ‰ von 200 kg ist gleich 200 kg : 100 = 2 kg.
1 ‰ von 200 kg ist gleich 200 kg : 1000 = 0,2 kg.

58 Berechne im Kopf:

a) 500 ‰ von 80 kg ist gleich ....
b) 250 ‰ von 160 l ist gleich ....

c) 200 ‰ von 60 qm ist gleich ....

d) 1 ‰ von 17 m ist gleich ....

e) 100 ‰ von 430,00 DM ist gleich ....

f) 1000 ‰ von 98,76 g ist gleich ....

Textaufgaben sind nicht immer ganz einfach zu lösen. Aber wenn du all dein Wissen über die Prozentrechnung auf die Promillerechnung überträgst, solltest du mit den folgenden Aufgaben keine Probleme haben.

59 Löse folgende Textaufgaben. Gib das Ergebnis stets als Dezimalbruch an:

a) Ein erwachsener Mensch mit einem Körpergewicht von 70 kg hat etwa 5 bis 5,5 l Blut in seinem Körper.
Herr Müller, der 70 kg wiegt, verursachte mit 1,2 ‰ Alkohol in seinen 5 Litern Blut einen Unfall. Wie viel Liter Alkohol hatte er zum Zeitpunkt des Unfalls in seinem Blut?

b) Läuse sind 1 bis 6 mm lang. Die Länge einer 3 mm langen Laus beträgt 4 ‰ von der Länge eines Cockerspaniels. Wie viel Zentimeter ist dieser Hund lang?

c) Wie groß ist der Anteil von 9 Sekunden (sec) an einer Stunde (h). Gib den Anteil in Promille an (Tipp: Wie viel Sekunden hat eine Stunde?):

Ich hoffe, ich bestehe den Test!

Weiterführende Prozentrechnung

---

1. Gib die Prozentwerte an:

   a) $\dfrac{1}{5}$ von 50 kg sind:...

   b) $\dfrac{1}{10}$ von 17 l sind: ....

   c) $\dfrac{1}{3}$ von 66 qm sind:.. 6 P ( )

2. a) Gib die Formel zur Berechnung des Prozentwertes an:
   .... 1 P ( )

   b) Gib den gesuchten Wert als Dezimalbruch an:
   Gesucht: W = x m, gegeben: G = 60 m, p % = 4 %
   .... 2 P ( )

3. Sonja hat sich eine Jeans für 117,00 DM ausgesucht.
   Leider hat sie nur 90,00 DM. Wie viel Prozent beträgt
   der Preis der Jeans von ihrem Ersparten?

   ....
   .... 2 P ( )

4. Jens hat 50 m eines 10 000 m Laufes zurückgelegt.
   Wie viel Promille der Strecke hat er bereits bewältigt?

   ....

   Gesamtpunktzahl

   .... 2 P ( )   [   ]/13

Testauswertung:
9-13 Punkte: Sehr gut! Im Prozentrechnen bist du ein Profi!
5- 8 Punkte: Du hast noch leichte Schwächen in der Prozentrechnung!
0- 4 Punkte: Mit der Prozentrechnung bist du noch nicht per du. Arbeite das Kapitel nochmal gründlich durch.

IV

Finde die angegebenen neun Brüche in dem Zahlenkasten wieder.
Jeder Bruch wurde in einen Dezimalbruch umgeschrieben.

$$\frac{1}{10}, \frac{1}{2}, \frac{3}{4}, \frac{25}{100}, \frac{1}{5}, \frac{6}{6}, \frac{1370}{1000}, \frac{21}{50}, \frac{24}{8}$$

Prozentrechnung

1,1	1,2	0,11	0,78	1,89	0,47	0,51	0,44	0,25
0,43	0,66	0,8	0,87	9,56	0,76	0,63	0,1	0,17
0,92	0,49	0,45	0,34	1,01	0,59	0,42	0,61	4
0,52	0,01	0,97	0,21	0,88	3	0,13	0,27	0,05
0,5	0,56	6,9	0,38	1,37	0,29	0,85	5,9	0,96
0,33	1	0,07	0,75	0,99	0,97	0,35	0,11	0,51
0,12	0,73	0,2	0,51	0,67	100	0,22	1,36	0,77

Zinsrechnung

1. Berechne den Zinssatz p % bei einem Kapital von 320,00 DM, welches in einem Jahr 12,00 DM Zinsen erbracht hat:

   .... 2 P ( )

2. Berechne die anfallenden Zinsen für ein Guthaben von 480,00 DM bei einem jährlichen Zinssatz von 5 %:

   .... 2 P ( )

3. Wie viel Zinsen hätte das Guthaben aus Aufgabe 2 in 6 Monaten bei demselben Zinssatz erbracht?

   .... 2 P ( )

4. Berechne die zu zahlenden Zinsen für 520,00 DM Schulden, die 9 Tage zu einem Zinssatz von 4 % auf dem Konto von Herrn Müller waren:

   .... 4 P ( )

5. Frau Maier lehnt folgendes Angebot ab: „Leihen Sie sich 90 Tage lang 600,00 DM und zahlen Sie dafür nur 36,00 DM!" Wie hoch ist der Zinssatz, der in diesem Angebot verschwiegen wird?

   Gesamtpunktzahl

   .... 4 P ( ) [   ]/14

Testauswertung:

10-14 Punkte: Spitze! Dieses Kapitel wird dir keine Probleme bereiten!
 5- 9 Punkte: Dir fehlt nur ein bisschen Übung, um die Zinsrechnung sicher zu beherrschen!
 0- 4 Punkte: Nur nicht den Mut verlieren – schnell an die Arbeit!

Kapital, Zinsen und Zinssatz

Leiht man sich, z.B. von einer Bank, Geld, so muss man der Bank dafür eine Art Leihgebühr, nämlich Zinsen, zahlen. Tritt der umgekehrte Fall ein, man überlässt z. B. einer Bank Geld, so erhält man dafür Zinsen.

Geld leihen bedeutet Zinsen zahlen.
Geld überlassen (z.B. auf einem Sparbuch) bedeutet Zinsen erhalten.

Die **Höhe der Zinsen** richtet sich zum einen nach dem **Zinssatz**, der für überlassenes oder geliehenes Geld berechnet wird. Zum zweiten wird die **Zeitspanne**, für die die Zinsen berechnet werden, berücksichtigt.
Der Zinssatz wird in Prozent angegeben. Die Berechnung von Zinsen erfolgt wie die Berechnung von Prozenten. Die Bezeichnungen sind jedoch andere, als bei der Prozentrechnung.

Bezeichnungen bei der

Prozentrechnung
Grundwert: G
Prozentwert: W
Prozentsatz %: p %

Zinsrechnung
Kapital: K
Zinsen: Z
Zinssatz %: p %
Zeit = t in Tagen

60 Benenne bei den folgenden Aufgaben die Angaben mit den Bezeichnungen der Zinsrechnung:

a) Gabi hat für ihre 1700,00 DM auf dem Sparbuch nach einem Jahr 76,50 DM Zinsen erhalten.

b) Frau Maier legt 7800,00 DM auf einer Bank zu einem Zinssatz von 5,11 % für drei Jahre an.

c) Frau Müller überlegt, wie viel Zinsen sie bei einer Verzinsung von 7 % für ihre 550,00 DM erhält, wenn sie das Geld 4 Tage anlegt.

Zinsen, Promille und Prozent – die Unterschiede sind gering!

Werden die Zinsen für genau **ein Jahr** berechnet, so ist die Formel für die Zinsrechnung genau wie für die Prozentrechnung aufgebaut. Dies hängt damit zusammen, dass der Zinssatz in Prozent angegeben wird, es sich somit um einen Sonderfall der Prozentrechnung handelt.

Prozentrechnung	Zinsrechnung
$G = \dfrac{W \cdot 100}{p}$	$K = \dfrac{Z \cdot 100}{p}$
$W = \dfrac{G \cdot p}{100}$	$Z = \dfrac{K \cdot p}{100}$
$p = \dfrac{W \cdot 100}{G}$	$p = \dfrac{Z \cdot 100}{K}$

Für 300,00 DM bekommt man bei einem Zinssatz von 4 %
nach einem Jahr 12,00 DM Zinsen ausgezahlt.
Gegeben: K = 300,00 DM, Z = 12,00 DM, p % = 4 %

$$K = \frac{Z \cdot 100}{p} = \frac{12 \cdot 100}{4} \text{ DM} = \frac{3 \cdot 100}{1} \text{ DM} = 300 \text{ DM}$$

$$Z = \frac{K \cdot p}{100} = \frac{300 \cdot 4}{100} \text{ DM} = \frac{3 \cdot 4}{1} \text{ DM} = 12 \text{ DM}$$

$$p = \frac{Z \cdot 100}{K} = \frac{12 \cdot 100}{300} = \frac{12 \cdot 1}{3} = 4$$

Wie du siehst, stimmen die gegebenen Werte mit den
errechneten Werten überein.

61 Berechne die fehlenden Angaben. Die Zinsen beziehen
sich bei allen Aufgaben auf ein Jahr:

a) Gesucht: p % = x %, gegeben: K = 750,00 DM, Z = 22,50 DM
....
....

b) Gesucht: K = x DM, gegeben: Z = 70,00 DM, p % = 3,5 %
....
....

c) Gesucht: Z = x Pf, K = 220 Pf, p % = 5 %
....
....

Notiere dir auch bei der Zinsrechnung genau, welche Angaben
gegeben sind und nach welcher Angabe gefragt ist.
Denke daran, dass Schulden als Kapital betrachtet werden – ein
Kapital, welches geliehen ist!

Herr Müller hat sein Konto bei einem Zinssatz von 3 % ein Jahr lang um 700,00 DM überzogen. Wie hoch sind die Zinsen, die er zu zahlen hat?
Notiere wie gehabt:
Gesucht: Z = x DM, gegeben: K = 700,00 DM, p % = 3 %

Schulden sind ein unangenehmes Kapital!

62 Berechne die folgenden Textaufgaben:

a) Herr Maier hat bei einem Zinssatz von 2,5 % nach einem Jahr 800,00 DM Zinsen an die Bank zu zahlen. Wie hoch sind seine Schulden?

b) Monika überlegt, dass sie 1200,00 DM pro Monat zum Leben braucht, in einem Jahr also 24 000,00 DM zum Leben benötigt. Sie fragt sich, wie viel Geld sie haben müsste, damit sie bei einem jährlichen Zinssatz von 4,8 % genügend Zinsen erhält, um davon leben zu können. Wie viel Geld benötigt Monika mindestens, um von den Zinsen ihren Lebensunterhalt bestreiten zu können?

c) Olaf ist enttäuscht! Für sein Guthaben von 125,00 DM auf dem Sparbuch hat er nach einem Jahr nur 6,50 DM Zinsen von der Sparkasse erhalten. Zu welchem Zinssatz wurde das Geld verzinst? Gib den Zinssatz als Dezimalbruch an!

d) Sabine hat 650,00 DM auf ihrem Sparbuch. Wie hoch ist die Summe, die sie als Zinsen bei einem Zinssatz von 6,8 % nach einem Jahr erhält?

Tages- und Monatszinsen

Heike sagt: „Die Bank zahlt mir für mein Geld auf dem Sparkonto einen Zinssatz von 4 %." Was sie nicht sagt ist, dass sie erst nach Ablauf eines Jahres die Zinsen in Höhe von 4 % für ihr Geld erhält. Hebt sie Geld bereits nach einem halben Jahr ab, so erhält sie nur die Hälte der Jahreszinsen.

Hebt Heike ihr Geld nach einem Vierteljahr ab, so erhält sie nur ein Viertel der Jahreszinsen.

Die Jahreszinsen betragen 60,00 DM, aber sie erhält nach

einem Vierteljahr: $60 \text{ DM} \cdot \dfrac{1}{4} = 15 \text{ DM}$ Zinsen und nach

einem Achteljahr: $\dfrac{1}{8}$.

63 Jan erhält für sein gespartes Geld nach Ablauf eines Jahres Zinsen in Höhe von 72,00 DM von der Bank. Wie viel hätte er nach einem

a) $\dfrac{1}{6}$ Jahr erhalten? ....

b) $\dfrac{1}{3}$ Jahr erhalten? ....

c) $\dfrac{3}{4}$ Jahr erhalten? ....

Um die anfallenden Zinsen leicht berechnen zu können, haben Geldinstitute wie Banken das sogenannte Bankenjahr eingeführt. **Ein Bankenjahr besteht aus 12 Monaten zu je 30 Tagen.** Im Gegensatz zum richtigen Jahr, welches sich über 365 bzw. 366 Tage erstreckt, besteht das Bankenjahr also aus 12 · 30 = 360 Tagen.

Für die Berechnung der Zinsen werden der Zinssatz p % und die Anzahl der Tage, die das Geld bei dem Geldinstitut angelegt ist, zu einem Tageszinssatz p(t) % zusammengefügt:

$$p(t) \% = p \cdot \frac{t}{360} \%, \ t = \text{Anzahl der Tage.}$$

Mit $\dfrac{t}{360}$ wird der Anteil des Jahres berechnet, welches das Geld angelegt war.

1 Monat hat 30 Tage, ist gleich $\dfrac{30}{360} = \dfrac{1}{12}$ Jahr.

$p \% = 5 \%, \ t = 30 \ t$

$p(t) = \dfrac{5 \cdot 30}{360} = \dfrac{5 \cdot 1}{12} = \dfrac{5}{12} = \dfrac{5}{12}$, also ist $p(t) \% = \dfrac{5}{12} \%$,

das ist genau ein Zwölftel der Jahreszinsen.

Die Zinsen hängen vom Zinssatz, dem Kapital und der Zeit ab!

64 Berechne, wie sich der jährliche Zinssatz von 3 % verändert, wenn das angelegte Geld

a) 7 Tage auf dem Konto ist,
b) 21 Tage auf dem Konto ist,
c) 80 Tage auf dem Konto ist,
d) 120 Tage auf dem Konto ist.

Bleibt das Geld 1, 2, 3, ..., 11 Monate angelegt, so kann die Berechnung der Jahreszinsen vereinfacht werden. Statt für 30 Tage $\frac{30}{360} = \frac{1}{12}$ zu berechnen, kann man gleich $p \cdot \frac{x}{12}$ %, mit x = Anzahl der Monate, rechnen.

p % = 6 %, t = 210 Tage = 7 Monate

$\frac{6 \cdot 7}{12} = \frac{1 \cdot 7}{2} = 3\frac{1}{2} = 3,5$; also ist p(t) % = 3,5 %.

Für die **Berechnung der Tages- und Monatszinsen** wird die dir bekannte Formel zur Berechnung der Zinsen erweitert.
Aus
$$Z = \frac{K \cdot p}{100}$$
wird durch die Einbeziehung der Tage, die das Kapital angelegt ist:
$$Z(t) = \frac{K \cdot p \cdot t}{100 \cdot 360}.$$

Die Jahreszinsen Z sind gleich 90,00 DM. Ist das Geld nur 80 Tage angelegt, so verringern sich die Jahreszinsen zu Tageszinsen für 80 Tage:

$$Z(t) = 90 \cdot \frac{80}{360} \text{ DM} = \frac{90 \cdot 80}{360} \text{ DM} = \frac{1 \cdot 80}{4} \text{ DM}$$

$$= \frac{1 \cdot 20}{1} \text{ DM} = 20 \text{ DM}$$

Der Tageszinsen für 80 Tage betragen 20,00 DM.

65 Berechne, von den Jahreszinsen in Höhe von 40,00 DM ausgehend, die anfallenden Zinsen für

a) 18 Tage: ....
b) 99 Tage: ....
c) 288 Tage: ....

Du siehst, bei der Erweiterung der alten Formel ist nur der Tageszinssatz berücksichtigt worden.

Man rechnet für K = 7200,00 DM, p % = 4 %, t = 8 Tage:

$$Z(t) = \frac{7200 \cdot 4 \cdot 8}{360 \cdot 100} \text{ DM} = \frac{20 \cdot 1 \cdot 8}{1 \cdot 25} \text{ DM} = \frac{4 \cdot 1 \cdot 8}{1 \cdot 5} \text{ DM}$$

$$= \frac{32}{5} \text{ DM} = 6\frac{2}{5} \text{ DM} = 6\frac{4}{10} \text{ DM} = 6,4 \text{ DM}$$

Nach 8 Tagen erhält man 6,40 DM Zinsen.

66 Ein Kapital von 600,00 DM ist zu einem Jahreszinssatz von 12 % angelegt. Berechne die fehlenden Werte in der Tabelle:

Anzahl der Tage	4	25	140	237	301	359	360
Zinsen in DM							

Je länger das Geld auf der Bank ist, desto höher sind die Zinsen!

67 Berechne die Textaufgaben:

a) Wiebke möchte sich eine Hose für 80,00 DM kaufen und hebt die Summe vom Sparbuch ab. 333 Tage hatte sie es dort für einen jährlichen Zinssatz von 4,5 % angelegt. Wie viel Zinsen erhielt sie?

b) Mark möchte für seine 270,00 DM, die zu einem jährlichen Zinssatz von 4,5 % angelegt sind, 10,00 DM Zinsen erhalten. Bekommt er die erhofften 10,00 DM, wenn er sein Geld 240 Tage lang nicht abhebt?

Ein **Geldinstitut berechnet** für ein Konto regelmäßig die Zinsen. Für die Berechnung wird aufgelistet, welcher Betrag wann und wie lange auf dem Konto war. Bei jeder Änderung werden die Tageszinsen für den zurückliegenden Zeitraum, in dem keine Veränderung stattfand, berechnet. Am Monatsende werden die berechneten Tageszinsen zusammengerechnet.
Die **Zinsen für ein Guthaben** sind Geld, das der Kontoinhaber erhält. Die **Zinsen für ein Soll (Schulden)** müssen vom Kontoinhaber an das Geldinstitut gezahlt werden.

Abrechnung eines Kontos:
Jährlicher Zinssatz für ein Haben: 4 %
Jährlicher Zinssatz für ein Soll: 10 %

Datum	Haben in DM (Guthaben)	Soll in DM (Schulden)	Dauer in Tagen	Tageszinsen	
				Haben	Soll
1.6.	1000		18	2	
19.6.		180	2		0,1
21.6.	300		6	0,2	
27.6.	Abrechnung	Abrechnung		2,2	0,1

1. Tageszinsen Haben: 2 DM + 0,2 DM= 2,2 DM
2. Tageszinsen Soll: 0,1 DM
3. Zinsen Gesamt: 2,2 DM – 0,1 DM = 2,1 DM
   Der Kontoinhaber erhält 2,10 DM Zinsen.

68 Die Bank zahlt für ein Guthaben einen jährlichen Zinssatz von 4 % und fordert für ein Soll einen jährlichen Zinssatz von 10 %. Berechne die Zinsen für das Konto von Frau Müller:

Datum	Haben in DM (Guthaben)	Soll in DM (Schulden)	Dauer in Tagen	Tageszinsen	
				Haben	Soll
1.4.	720				
6.4.		90			
26.4.	150				
2.5.	Abrechnung	Abrechnung			

Ich frage mich, wie viele Menschen bei Banken jeden Tag Konten berechnen!

Bei der **Berechnung des Kapitals, welches kürzere Zeit als ein Jahr bei einer Bank angelegt war**, geht man von der dir bereits bekannten Formel

$$K = \frac{Z \cdot 100}{p}$$

zur Berechnung des Kapitals aus. Es muss jedoch nicht der Zinssatz p % eines ganzen Jahres, sondern der Zinssatz p(t) % eines Teiles vom Jahr berechnet werden. Auch dürfen nicht die Jahreszinsen in die Formel eingesetzt werden, sondern nur die Zinsen für den entsprechenden Anteil des Jahres.

Statt mit dem Jahreszinssatz rechnet man mit

$$p(t) = \frac{t}{360} \cdot$$

Da die Zinsen bereits als Tageszinsen für t Tage angegeben werden, müssen diese nicht extra berechnet werden.

> **Ersetzt** man in der alten Formel die Jahreszinsen Z durch den Tageszinssatz Z(t) und den jährlichen Zinssatz von p % durch den Tageszinssatz p(t) % so erhält man:

$$K = \frac{Z(t) \cdot 100}{p(t)} \qquad \text{(Für die Umformung vgl. 1.)}$$

$$K = (Z(t) \cdot 100) : p(t) \qquad \text{(Für die Umformung vgl. 2.)}$$

$$K = (Z(t) \cdot 100) : \left(\frac{p \cdot t}{360}\right) \qquad \text{(Für die Umformung vgl. 3.)}$$

$$K = (Z(t) \cdot 100) \cdot \left(\frac{360}{p \cdot t}\right) \qquad \text{(Für die Umformung vgl. 4.)}$$

$K = \dfrac{Z(t) \cdot 100 \cdot 360}{p \cdot t}$ ist die gesuchte Formel!

1. Der Bruchstrich kann als „Geteilt-durch-Zeichen" gelesen werden (vgl. S. 21).

2. $p(t) = \dfrac{p \cdot t}{360}$

3. Man dividiert durch einen Bruch, indem man mit dem Kehrwert des Bruches multipliziert (vgl. S. 21).

4. Die Formel auf einen Bruchstrich schreiben.

Gesucht: K = x DM, gegeben: Z(t) = 10,00 DM, p (t) % = 3 %, t = 200 Tage

$$K = \frac{10 \cdot 100 \cdot 360}{3 \cdot 200} \, DM = \frac{10 \cdot 1 \cdot 120}{1 \cdot 2} \, DM = 600 \, DM$$

Das Kapital ist gleich 600,00 DM.

Sieht komplizierter aus, als es ist!

69   Berechne das Kapital bei den folgenden Aufgaben:

a) Gesucht: K = x DM, gegeben: Z(t) = 40,00 DM, p % = 4,5 %, t = 320 Tage

....

....

b) Gesucht: K = x DM, gegeben: Z(t) = 140,00 DM, p % = 3,5 %, t = 120 Tage

....

....

c) Gesucht: K = x DM, gegeben: Z(t) = 4,50 DM, p % = 4 %, t = 10 Tage

....

....

Die Veränderung der **Formel zur Berechnung der Zinsen und des Kapitals** ist einfach. Bei der Zinsformel steht p im Zähler, also wird mit $\frac{t}{360}$ multipliziert. Bei der Formel zur Berechnung des Kapitals steht p im Nenner, also wird durch $\frac{t}{360}$ dividiert bzw. mit dem Kehrwert $\frac{360}{t}$ multipliziert.

Solltest du bei den Umformungen mit Brüchen unsicher sein, arbeite die Lücken im Kapitel über Bruchrechnung auf.

70 Löse die Textaufgaben:

a) Kurt möchte sich für 72 Tage Geld bei einer Bank leihen. Die Bank nimmt für das Leihen von Geld einen jährlichen Zinssatz von 11 %, so dass Kurt 5,50 DM Zinsen an die Bank zu zahlen hat. Wie viel Geld möchte er sich leihen?

b) Wie viel Geld hat Astrid auf ihrem Sparbuch, wenn sie nach 144 Tagen 14,00 DM Zinsen ausgezahlt bekommt und der jährliche Zinssatz bei 3,5 % liegt?

Auch die Formel zur **Berechnung des jährlichen Zinssatzes bei Tages- und Monatszinsen** leitet sich von der Formel zur Berechnung des jährlichen Zinssatzes bei Jahreszinsen ab. Nur geht man nicht, wie es bisher der Fall war, von jährlichen Zinsen Z aus, sondern von den Zinsen Z(t) für einen Teil des Jahres.

Bisherige Fragestellung:
Wie hoch ist der <u>jährliche Zinssatz</u>, wenn ein Kapital von 500,00 DM in <u>einem Jahr 50,00 DM Zinsen</u> erbrachte.

Neue Fragestellung:
Wie hoch ist der jährliche Zinssatz, wenn ein Kapital von 500,00 DM in 180 Tagen 25,00 DM Zinsen erbrachte?

Ich liege gut in der Zeit!

STOP

Die **Veränderung der alten Formel** besteht darin, dass mit Tageszinsen Z(t) gerechnet wird. Dies bewirkt, dass **nicht der Jahreszinssatz, sondern der Tageszinssatz** berechnet wird.

Aus $p = \dfrac{Z \cdot 100}{K}$ wird $p(t) = \dfrac{Z(t) \cdot 100}{K}$, wobei $p(t) = \dfrac{p \cdot t}{360}$.

Dividiert man (bzw. multipliziert mit dem Kehrwert) die obige Formel mit dem Anteil des Jahres, welcher bislang mitberechnet wurde, so erhält man den jährlichen Zinssatz p %:

$$p(t) \cdot \frac{360}{t} = \frac{p \cdot t}{360} \cdot \frac{360}{t} = \frac{Z(t) \cdot 100}{K} \cdot \frac{360}{t}, \text{ das ist gleich}$$

$$p = \frac{Z(t) \cdot 100 \cdot 360}{K \cdot t}.$$

Die Rechnung ausführlicher geschrieben lautet:

$$p(t) \cdot \frac{360}{t} = \frac{p \cdot t}{360} \cdot \frac{360}{t} = \frac{p \cdot t \cdot 360}{360 \cdot t} = \frac{p \cdot 1 \cdot 1}{360 \cdot t} = p.$$

Man rechnet für:

K = 2100,00 DM, Z(t) = 70,00 DM, t = 40 Tage

$$p = \frac{70 \cdot 100 \cdot 360}{21000 \cdot 40} = \frac{1 \cdot 1 \cdot 9}{3 \cdot 1} = \frac{1 \cdot 1 \cdot 3}{1 \cdot 1} = 3$$, also beträgt der

jährliche Zinssatz gleich 3 %.

71 Berechne die fehlenden Jahreszinssätze:

1.	K = 680 DM	Z(t) = 34 DM	t = 300 Tage	p% =
2.	K = 720 DM	Z(t) = 0,78 DM	t = 5 Tage	p% =
3.	K = 480 DM	Z(t) = 2,40 DM	t = 150 Tage	p% =

72 Löse die Textaufgaben:

a) Ute möchte sich auf der Bank Geld leihen und erzählt dies ihrem Opa. Er sagt zu ihr: „Wenn ich dir die fehlenden 360,00 DM leihe und du sie mir nach 350 Tagen zurückzahlst, sparst du 35,00 DM, denn bei deiner Bank müsstest du für das geliehene Geld Zinsen zahlen. Ich leihe dir das Geld umsonst!" Wie hoch ist der jährliche Zinssatz bei der Bank?

....

....

b) Jens vergleicht die Angebote zweier Banken. Bei der einen Bank erhält er einen jährlichen Zinssatz von 7 %. Bei der anderen Bank, so hat er ausgerechnet, bekommt er für seine 120,00 DM nach 135 Tagen immerhin 2,70 DM Zinsen ausgezahlt. Bei welcher Bank erhält er einen höheren Zinssatz?

....

....

Zinsrechnung

1. Berechne für einen jährlichen Zinssatz von 3 % den Tageszinssatz $p(t)$ von
   a) 4 Tagen: ....
   b) 90 Tagen: .... 2 P ( )

2. Frau Montez erhielt für ihr erspartes Geld nach einem Jahr 60,00 DM Zinsen von der Bank. Wie viel hätte sie
   a) nach 60 Tagen erhalten? ....
   b) nach 96 Tagen erhalten? .... 2 P ( )

3. Wie viel Zinsen erhält Anke nach einem Jahr für 550,00 DM bei einem Zinssatz von 4 %?
   .... 2 P ( )

4. Berechne das Kapital, das nach einem Jahr bei einem Zinssatz von 9,5 % genau 285,00 DM erbracht hat.
   .... 2 P ( )

5. Michael hatte ganze 3 Tage die stolze Summe von 10 000,00 DM auf seinem Konto. Während dieser Zeit lag der Zinssatz bei 3 %. Wie viel Zinsen erhielt er?
   .... 3 P ( )

Gesamtpunktzahl

[   ]/11

Testauswertung:
9-11 Punkte: Sehr gut! Dieses Thema beherrschst du perfekt!
5- 8 Punkte: Du hast noch leichte Unsicherheiten in der Zinsrechnung!
0- 4 Punkte: Dieses Ergebnis sollte dich nicht entmutigen. Übe fleißig weiter und du wirst bald keine Probleme mehr haben!

V

Ein Wort ist gesucht! Finde die Buchstaben des Wortes mit Hilfe der Fragen 1 bis 6. Trage die Antworten der Fragen in der vorgegebenen Reihenfolge in die Kästchen ein. Die grau unterlegten Felder ergeben von oben nach unten gelesen das gesuchte Lösungswort!

1. Der Satz, nach dem sich die Höhe der Zinsen berechnet
2. Der Grundwert der Zinsrechnung
3. Die Vergleichszahl der Prozentrechnung
4. Schulden
5. Anzahl der Tage des Bankmonats
6. Das Zeichen % steht für ...

1.

2.

3.

4.

5.

6.

Das Lösungswort lautet: ....

(Gebühr, die man für ein Guthaben auf der Bank erhält.)

T₁

1. a) $\dfrac{1}{4} = \dfrac{1 \cdot 7}{4 \cdot 7} = \dfrac{7}{28}$ b) $\dfrac{3}{7} = \dfrac{3 \cdot 7}{7 \cdot 7} = \dfrac{21}{49}$

   c) $\dfrac{4}{25} = \dfrac{4 \cdot 7}{25 \cdot 7} = \dfrac{28}{175}$

2. a) $\dfrac{4}{12} = \dfrac{4 : 4}{12 : 4} = \dfrac{1}{3}$ b) $\dfrac{42}{63} = \dfrac{42 : 21}{63 : 21} = \dfrac{2}{3}$

   c) $\dfrac{24}{84} = \dfrac{24 : 12}{84 : 12} = \dfrac{2}{7}$

3. a) $\dfrac{1}{5} + \dfrac{3}{5} = \dfrac{4}{5}$ b) $\dfrac{1}{9} + \dfrac{2}{3} = \dfrac{1}{9} + \dfrac{6}{9} = \dfrac{7}{9}$

4. a) $\dfrac{1}{2} \cdot \dfrac{1}{2} = \dfrac{1 \cdot 1}{2 \cdot 2} = \dfrac{1}{4}$ b) $\dfrac{3}{6} \cdot \dfrac{18}{27} = \dfrac{3 \cdot 18}{6 \cdot 27} = \dfrac{1 \cdot 3}{1 \cdot 9} = \dfrac{1 \cdot 1}{1 \cdot 3} = \dfrac{1}{3}$

5. a) $0{,}75 = \dfrac{75}{100}$ b) $2{,}3 = \dfrac{230}{100} = 2\dfrac{30}{100}$ c) $9{,}105 = \dfrac{9105}{100}$

   d) $\dfrac{1}{10} = 0{,}1$ e) $\dfrac{273}{100} = 2{,}73$ f) $\dfrac{57}{100} = 0{,}57$

1

a) $\dfrac{6}{50}$ d) $\dfrac{4}{9}$

b) $\dfrac{3}{7}$ e) $\dfrac{0}{6}$

c) $\dfrac{1002}{81}$ f) $\dfrac{54}{3}$

2

a) zu schraffieren: $\dfrac{3}{4}$

b) zu schraffieren: $\dfrac{3}{6}$

c) zu schraffieren: $\dfrac{1}{5}$

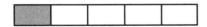

99

3

a) $\frac{2}{3}$ ist ein echter Bruch, da der Zähler kleiner als der Nenner ist.

b) $\frac{3}{1}$ ist ein unechter Bruch, da der Zähler größer als der Nenner ist.

c) $\frac{35}{900}$ ist ein echter Bruch, da der Zähler kleiner als der Nenner ist.

d) $\frac{5}{3}$ ist ein unechter Bruch, da der Zähler größer als der Nenner ist.

4

a) $\frac{7}{4}$ = 7 : 4 = 1 + Rest 3, damit ist $\frac{7}{4} = 1\frac{3}{4}$.

b) $\frac{9}{2}$ = 9 : 2 = 4 + Rest 1, damit ist $\frac{9}{2} = 4\frac{1}{2}$.

c) $\frac{5}{1}$ = 5 : 1 = 5 + Rest 0, damit ist $\frac{5}{1} = 5$.

d) $\frac{72}{9}$ = 72 : 9 = 8 + Rest 0, damit ist $\frac{72}{9} = 8$.

5

a) $3\frac{6}{7}$ = (3 · 7) + 6 = 21 + 6 = 27, daraus folgt: $3\frac{6}{7} = \frac{27}{3}$.

b) $5\frac{1}{10}$ = (5 · 10) + 1 = 50 + 1 = 51, daraus folgt: $5\frac{1}{10} = \frac{51}{10}$.

c) 2 als 19tel: 2 · 19 = 38, daraus folgt: $2 = \frac{38}{19}$.

d) $4\frac{5}{8}$ = (4 · 8) + 5 = 32 + 5 = 37, daraus folgt: $4\frac{5}{8} = \frac{37}{8}$.

e) $110\frac{2}{10}$ = (110 · 10) + 2 = 1100 + 2 = 1102, daraus folgt:

$110\frac{2}{10} = \frac{1102}{10}$.

f) 19 als 5tel: 19 · 5 = 95, daraus folgt: $19 = \frac{95}{5}$.

6 a) $\dfrac{3}{6}$ und $\dfrac{1}{2}$

Beide schraffierte Flächen bedecken den gleichen Anteil des Balkens. Es handelt sich um gleiche Brüche.

b) $\dfrac{1}{5}$ und $\dfrac{3}{10}$

Die schraffierten Flächen bedecken einen ungleichen Anteil des Balkens. Es handelt sich um verschiedene Brüche.

c) $\dfrac{1}{4}$ und $\dfrac{7}{8}$

Die schraffierten Flächen bedecken einen ungleichen Anteil des Balkens. Es handelt sich um verschiedene Brüche.

7 a) $\dfrac{3}{9}$ mit 3 kürzen: $\dfrac{3:3}{9:3} = \dfrac{1}{3}$

b) $\dfrac{10}{100}$ mit 10 kürzen: $\dfrac{10:10}{100:10} = \dfrac{1}{10}$

c) $\dfrac{8}{56}$ mit 4 kürzen: $\dfrac{8:4}{56:4} = \dfrac{2}{14}$

d) $\dfrac{12}{24}$ auf Achtel kürzen: $\dfrac{12:3}{24:3} = \dfrac{4}{8}$

e) $\dfrac{8}{12}$ auf Sechstel kürzen: $\dfrac{8:2}{12:2} = \dfrac{4}{6}$

f) $\dfrac{8}{32}$ auf Viertel kürzen: $\dfrac{8:8}{32:8} = \dfrac{1}{4}$

8 a) $\dfrac{5}{8}$ mit 7 erweitern: $\dfrac{5 \cdot 7}{8 \cdot 7} = \dfrac{35}{56}$

b) $\dfrac{9}{7}$ mit 6 erweitern: $\dfrac{9 \cdot 6}{7 \cdot 6} = \dfrac{54}{42}$

c) $\dfrac{3}{21}$ mit 4 erweitern: $\dfrac{3 \cdot 4}{21 \cdot 4} = \dfrac{12}{84}$

d) $\dfrac{9}{1}$ mit 91 erweitern: $\dfrac{9 \cdot 91}{1 \cdot 91} = \dfrac{819}{91}$

e) $\dfrac{7}{13}$ mit 4 erweitern: $\dfrac{7 \cdot 4}{13 \cdot 4} = \dfrac{28}{52}$

f) $\dfrac{13}{15}$ mit 5 erweitern: $\dfrac{13 \cdot 5}{15 \cdot 5} = \dfrac{65}{75}$

9

a) $\dfrac{4}{5}$ und $\dfrac{67}{5}$ sind gleichnamig, da sie den gleichen Nenner haben.

b) $\dfrac{9}{7}$ und $\dfrac{4}{17}$ sind nicht gleichnamig, da sie verschiedene Nenner haben.

c) $\dfrac{6}{9}$ und $\dfrac{6}{3}$ sind nicht gleichnamig, da sie verschiedene Nenner haben.

10

a) Vielfachmenge von 1 = {1, 2, 3, 4, ...}
Vielfachmenge von 2 = {2, 4, 6, 8, ...}
Vielfachmenge von 4 = {4, 8, 12, ...} das kgV von 1, 2, 4 = 4

b) Vielfachmenge von 3 = {3, 6, 9, 12, 15, 18, ...}
Vielfachmenge von 6 = {6, 12, 18, ...}
Vielfachmenge von 9 = {9, 18, ...} das kgV von 3, 6, 9 = 18

c) Vielfachmenge von 3 = {3, 6, 9, 12, 15, 18, 21, 24, ...}
Vielfachmenge von 8 = {8, 16, 24, ...}
Vielfachmenge von 12 = {12, 24, ...} das kgV von 3, 8, 12 = 24

d) Vielfachmenge von 5 = {5, 10, ..., 35, 40, 45, ...}
Vielfachmenge von 9 = {9, 18, 27, 36, 45, ...}
Vielfachmenge von 15 = {15, 30, 45, ...} das kgV von 5, 9, 15 = 45

11

a) $\dfrac{7}{2}$ und $\dfrac{1}{14}$, im Hauptnenner steht 14.

Da 14 : 2 = 7 wird aus $\dfrac{7}{2} = \dfrac{7 \cdot 7}{2 \cdot 7} = \dfrac{49}{14}$.

Der zweite Bruch wird nicht verändert, da er bereits 14tel im Nenner stehen hat.

b) $\dfrac{3}{3}$ und $\dfrac{23}{5}$, im Hauptnenner steht 15.

Da $15 : 3 = 5$, wird aus $\dfrac{3}{3} = \dfrac{3 \cdot 5}{3 \cdot 5} = \dfrac{15}{15}$.

Da $15 : 5 = 5$, wird aus $\dfrac{23}{5} = \dfrac{23 \cdot 3}{5 \cdot 3} = \dfrac{69}{15}$.

c) $\dfrac{9}{7}$ und $\dfrac{6}{8}$, im Hauptnenner steht 56.

Da $56 : 7 = 8$, wird aus $\dfrac{9}{7} = \dfrac{9 \cdot 8}{7 \cdot 8} = \dfrac{72}{56}$.

Da $56 : 8 = 7$, wird aus $\dfrac{6}{8} = \dfrac{6 \cdot 7}{8 \cdot 7} = \dfrac{42}{56}$.

d) $\dfrac{1}{2}$ und $\dfrac{88}{815}$, im Hauptnenner steht 1630.

Da $1630 : 2 = 815$, wird aus $\dfrac{1}{2} = \dfrac{1 \cdot 815}{2 \cdot 815} = \dfrac{815}{1630}$.

Da $1630 : 815 = 2$, wird aus $\dfrac{88}{815} = \dfrac{88 \cdot 2}{815 \cdot 2} = \dfrac{172}{1630}$.

12

a) $\dfrac{1}{2} + \dfrac{1}{2} = \dfrac{2}{2} = 1$

c) $\dfrac{7}{25} - \dfrac{2}{25} = \dfrac{5}{25} = \dfrac{1}{5}$

b) $\dfrac{13}{18} - \dfrac{11}{18} = \dfrac{2}{18} = \dfrac{1}{9}$

d) $\dfrac{3}{12} + \dfrac{5}{12} = \dfrac{8}{12} = \dfrac{2}{3}$

13

a) $\dfrac{2}{4} - \dfrac{1}{3} = \dfrac{6}{12} - \dfrac{4}{12} = \dfrac{2}{12} = \dfrac{1}{6}$

c) $\dfrac{1}{4} - \dfrac{1}{5} = \dfrac{5}{20} - \dfrac{4}{20} = \dfrac{1}{20}$

b) $\dfrac{2}{8} + \dfrac{5}{7} = \dfrac{14}{56} + \dfrac{40}{56} = \dfrac{54}{56} = \dfrac{27}{28}$

d) $\dfrac{6}{9} + \dfrac{1}{3} = \dfrac{6}{9} + \dfrac{3}{9} = \dfrac{9}{9} = 1$

14 Es ist nur eine Art der Berechnung angegeben:

a) $1\dfrac{1}{3} + 3\dfrac{1}{3} = \dfrac{4}{3} + \dfrac{10}{3} = \dfrac{14}{3} = 4\dfrac{2}{3}$

b) $3\dfrac{1}{8} + 2\dfrac{3}{4} = \dfrac{25}{8} + \dfrac{11}{4} = \dfrac{25}{8} + \dfrac{22}{8} = \dfrac{47}{8} = 5\dfrac{7}{8}$

c) $3\dfrac{12}{14} + 1\dfrac{6}{7} = \dfrac{54}{14} + \dfrac{13}{7} = \dfrac{54}{14} + \dfrac{26}{14} = \dfrac{80}{14} = \dfrac{40}{7} = 5\dfrac{5}{7}$

15

a) $9\frac{1}{4} - 2\frac{3}{4} = \frac{37}{4} - \frac{11}{4} = \frac{26}{4} = \frac{13}{2} = 6\frac{1}{2}$

b) $1\frac{6}{7} - 1\frac{2}{21} = \frac{13}{7} - \frac{23}{21} = \frac{39}{21} - \frac{23}{21} = \frac{16}{21}$

c) $4\frac{15}{18} - 1\frac{1}{3} = \frac{87}{18} - \frac{4}{3} = \frac{87}{18} - \frac{24}{18} = \frac{63}{18} = \frac{7}{2} = 3\frac{1}{2}$

d) $4\frac{1}{13} - 3\frac{1}{2} = \frac{53}{13} - \frac{7}{2} = \frac{106}{26} - \frac{91}{26} = \frac{15}{26}$

16

a) $\frac{2}{4} \cdot \frac{9}{7} = \frac{2 \cdot 9}{4 \cdot 7} = \frac{18}{28} = \frac{9}{14}$

b) $\frac{7}{8} \cdot \frac{3}{1} = \frac{7 \cdot 3}{8 \cdot 1} = \frac{21}{8} = 2\frac{5}{8}$

c) $1\frac{5}{7} \cdot \frac{1}{2} = \frac{12 \cdot 1}{7 \cdot 2} = \frac{12}{14} = \frac{6}{7}$

d) $2\frac{1}{2} \cdot 1\frac{1}{2} = \frac{5 \cdot 3}{2 \cdot 2} = \frac{15}{4} = 3\frac{3}{4}$

17

a) $\frac{3}{4} \cdot \frac{28}{6} = \frac{3 \cdot 28}{4 \cdot 6} = \frac{1 \cdot 7}{1 \cdot 2} = \frac{7}{2} = 3\frac{1}{2}$

b) $\frac{12}{9} \cdot \frac{18}{24} = \frac{12 \cdot 18}{9 \cdot 24} = \frac{1 \cdot 2}{1 \cdot 2} = \frac{1}{1} = 1$

c) $1\frac{7}{88} \cdot \frac{64}{30} = \frac{95 \cdot 64}{88 \cdot 30} = \frac{19 \cdot 8}{11 \cdot 6} = \frac{19 \cdot 4}{11 \cdot 3} = \frac{76}{33} = 2\frac{10}{33}$

18

a) $\frac{1}{2} : \frac{2}{3} = \frac{1 \cdot 3}{2 \cdot 2} = \frac{3}{4}$

b) $\frac{1}{4} : \frac{9}{8} = \frac{1 \cdot 8}{4 \cdot 9} = \frac{2}{9}$

c) $\frac{4}{7} : \frac{6}{14} = \frac{4 \cdot 14}{7 \cdot 6} = \frac{2 \cdot 2}{1 \cdot 3} = \frac{4}{3} = 1\frac{1}{3}$

d) $\frac{9}{8} : \frac{81}{4} = \frac{9 \cdot 4}{8 \cdot 81} = \frac{1 \cdot 1}{2 \cdot 9} = \frac{1}{18}$

e) $1\dfrac{7}{8} : \dfrac{2}{4} = \dfrac{15 \cdot 4}{8 \cdot 2} = \dfrac{15 \cdot 1}{2 \cdot 2} = \dfrac{15}{4} = 3\dfrac{3}{4}$

f) $\dfrac{1}{12} \cdot 1\dfrac{2}{3} = \dfrac{1 \cdot 3}{12 \cdot 5} = \dfrac{1 \cdot 1}{4 \cdot 5} = \dfrac{1}{20}$

19

a) $\left(-1\dfrac{1}{4}\right) : \left(\dfrac{20}{3}\right) = -\dfrac{5 \cdot 3}{4 \cdot 20} = -\dfrac{1 \cdot 3}{4 \cdot 4} = -\dfrac{3}{16}$

b) $\left(-\dfrac{3}{144}\right) \cdot \left(\dfrac{12}{27}\right) = -\dfrac{3 \cdot 12}{144 \cdot 27} = -\dfrac{1 \cdot 1}{12 \cdot 9} = -\dfrac{1}{108}$

20

a) $\dfrac{1}{2} \cdot \left(\dfrac{2}{5} + \dfrac{1}{5}\right) = \dfrac{1}{2} \cdot \dfrac{3}{5} = \dfrac{1 \cdot 3}{2 \cdot 5} = \dfrac{3}{10}$

b) $1\dfrac{1}{8} + \dfrac{1}{20} \cdot 2\dfrac{1}{2} = \dfrac{9}{8} + \dfrac{1 \cdot 5}{20 \cdot 2} = \dfrac{9}{8} + \dfrac{1 \cdot 1}{4 \cdot 2} = \dfrac{9}{8} + \dfrac{1}{8} = \dfrac{10}{8} = \dfrac{5}{4} = 1\dfrac{1}{4}$

21

a) $0,274 = \dfrac{274}{1000}$ 　　b) $2,856 = 2\dfrac{856}{1000}$ 　　c) $4,8 = 4\dfrac{8}{10}$

d) $\dfrac{58}{100} = 0,58$ 　　e) $\dfrac{7}{1000} = 0,007$ 　　f) $9\dfrac{4}{10} = 9,4$

22

a) $6,9 + 1\dfrac{1}{10} = \dfrac{69}{10} + \dfrac{11}{10} = \dfrac{80}{10} = 8$

b) $(-1,75) + 0,78 = \left(-\dfrac{175}{100}\right) + \dfrac{78}{100} = -\dfrac{97}{100} = -0,97$

c) $1,2 : 0,4 = \dfrac{12}{10} : \dfrac{4}{10} = \dfrac{12 \cdot 10}{10 \cdot 4} = \dfrac{3 \cdot 1}{1 \cdot 1} = 3$

d) $\dfrac{4}{10} \cdot (0,7 - 0,5) = \dfrac{4}{10} \cdot \left(\dfrac{7}{10} - \dfrac{5}{10}\right) = \dfrac{4}{10} \cdot \dfrac{2}{10} = \dfrac{8}{100} = 0,08$

e) $1\dfrac{2}{10} + 0,8 = \dfrac{12}{10} + \dfrac{8}{10} = \dfrac{20}{10} = 2$

f) $9,2 : \left(2 : \dfrac{5}{10}\right) = \dfrac{92}{10} : \left(\dfrac{20}{10} \cdot \dfrac{10}{5}\right) = \dfrac{92}{10} : \dfrac{4}{1} = \dfrac{92}{10} \cdot \dfrac{1}{4}$

$= \dfrac{23}{10} = 2\dfrac{3}{10} = 2,3$

T2

1. a) Der Hauptnenner ist 12, daraus ergibt sich

$\dfrac{1}{4} = \dfrac{1 \cdot 3}{4 \cdot 3} = \dfrac{3}{12}$ und $\dfrac{1}{3} = \dfrac{1 \cdot 4}{3 \cdot 4} = \dfrac{4}{12}$.

b) Der Hauptnenner ist 21, daraus ergibt sich

$\dfrac{6}{7} = \dfrac{6 \cdot 3}{7 \cdot 3} = \dfrac{18}{21}$ und $\dfrac{2}{3} = \dfrac{2 \cdot 7}{3 \cdot 7} = \dfrac{14}{21}$.

2. a) $\dfrac{11}{12} - \dfrac{5}{6} = \dfrac{11}{12} - \dfrac{10}{12} = \dfrac{1}{12}$

b) $-\dfrac{2}{9} - \dfrac{6}{27} = -\dfrac{6}{27} - \dfrac{6}{27} = -\dfrac{12}{27} = -\dfrac{4}{9}$

3. a) $\dfrac{15}{20} : \dfrac{3}{4} = \dfrac{15}{20} \cdot \dfrac{4}{3} = \dfrac{15 \cdot 4}{20 \cdot 3} = \dfrac{60}{60} = 1$

b) $\dfrac{2}{7} : \dfrac{4}{21} = \dfrac{2}{7} \cdot \dfrac{21}{4} = \dfrac{2 \cdot 21}{7 \cdot 4} = \dfrac{1 \cdot 3}{1 \cdot 2} = \dfrac{3}{2} = 1\dfrac{1}{2}$

4. a) $0,4 + 0,85 = \dfrac{4}{10} + \dfrac{85}{100} = \dfrac{40}{100} + \dfrac{85}{100} = \dfrac{125}{100} = 1\dfrac{25}{100}$

b) $2,71 - 1,90 = \dfrac{271}{100} - \dfrac{190}{100} = \dfrac{81}{100} = \dfrac{81}{100}$

5. $\dfrac{\frac{9}{15}}{\frac{63}{135}} = \dfrac{9}{15} \cdot \dfrac{135}{63} = \dfrac{9 \cdot 135}{15 \cdot 63} = \dfrac{1 \cdot 9}{1 \cdot 7} = \dfrac{9}{7} = 1\dfrac{2}{7}$

I

$\dfrac{4}{3}$	$\dfrac{9}{3}$	$\dfrac{2}{3}$
$\dfrac{3}{3}$	$\dfrac{5}{3}$	$\dfrac{7}{3}$
$\dfrac{8}{3}$	$\dfrac{1}{3}$	$\dfrac{6}{3}$

T3

1. a) $\dfrac{b}{a}$ b) $a \cdot b$

2.

a = Menge in Gramm	100	200	500	750
b = Preis in DM	2	4	10	15

3. $\dfrac{b}{a} = \dfrac{2}{100} = \dfrac{4}{200} = \dfrac{10}{500} = \dfrac{10}{500}$. Da $\dfrac{b}{a}$ der Proportionalitätsfaktor für die direkte Proportion ist, handelt es sich um eine direkte Proportion.

4. Die Wertetabelle ins Koordinatensystem übertragen:

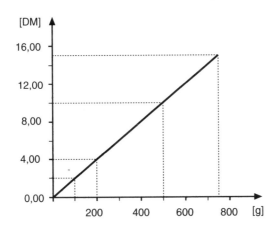

23

a = Menge in Liter	1	3	5	7
b = Preis in DM	3	9	15	21

24

a = Anzahl an Broten	1	3	8	10
b = Preis in DM	5	15	40	45
Proportionalitätsfaktor $\dfrac{b}{a}$	5	5	5	4,5

Da der Proportionalitätsfaktor nicht immer gleich ist, sondern einmal 4,5 beträgt, handelt es sich um keine direkte Proportion.

25 Die Darstellung sieht wie folgt aus:

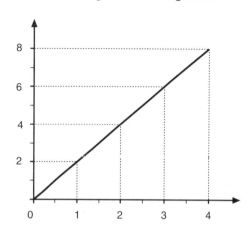

26 Die Formel zur Berechnung des Proportionalitätsfaktors lautet: $a \cdot b$.

Damit ist $1 \cdot 1 = 1$ und $2 \cdot \dfrac{1}{2} = 1$ und $3 \cdot \dfrac{1}{3} = 1$ und $4 \cdot \dfrac{1}{4} = 1$.

Der Proportionalitätsfaktor ist also 1.

27 a)

a	1	2	3	4	6	9
b	72	36	24	18	12	8

b) $a \cdot b = 1 \cdot 72 = 72$

28 Die Darstellung der umgekehrten Proportion ist:

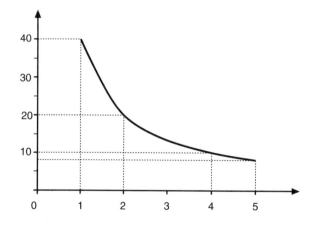

T4

1. a) Die Zielwerte werden verdoppelt bzw. verdreifacht.
   b) Die Zielwerte werden halbiert bzw. gedrittelt.

2. a) Da $1 \cdot 9 = 2 \cdot 4{,}5 = 3 \cdot 3 = 9 \cdot 1 = 9$, ist der Proportionalitätsfaktor 9.
   b) Der Proportionalitätsfaktor ist $a \cdot b$, also ist es eine umgekehrte Proportion.

3.

4. Die Kurve ist eine Hyperbel. Da umgekehrte Proportionen in einem Koordinaten-system dargestellt eine Hyperbel ergeben, ist es eine umgekehrte Proportion.

II

Anzahl der Linien (a)	2	4	6
Abstand in mm (b)	12	6	4

Es handelt sich um eine umgekehrte Proportion. Berechnung des Proportionalitätsfaktors: $a \cdot b = 24$.

T5

1.

   30 %   70 %

2. a) $0{,}39 = 39\,\%$ $\dfrac{74}{100} = 74\,\%$

   b) $44\,\% = 0{,}44$ $89\,\% = 0{,}89$

3. Prozentwert: 30 kg, Prozentsatz: 60 %, Grundwert: 50 kg

4. $100\,\% \triangleq 200\,g$ $1\,\% \triangleq \dfrac{200}{100}\,g. = 2\,g$

   $40\,\% \triangleq 2 \cdot 40\,g = 80\,g$ Olaf möchte 80 g der Schokolade für sich behalten.

29

a) $20\,\% = \dfrac{20}{100} = 0{,}2$ b) $0{,}04 = \dfrac{4}{100} = 4\,\%$

c) $0{,}79 = \dfrac{79}{100} = 79\,\%$ d) $83\,\% = \dfrac{83}{100} = 0{,}83$

e) $76\,\% = \dfrac{76}{100} = 0{,}76$ f) $\dfrac{29}{100} = 29\,\% = 0{,}29$

g) $0{,}10 = \dfrac{10}{100} = 10\ \%$ h) $\dfrac{56}{100} = 56\ \% = 0{,}56$

30

Das Gesamtgewicht einer Fuhre Kirschen beträgt 200 kg.

200 kg sind 100 % $= \dfrac{100}{100}$ von 200 kg.

Die Hälfte des Gewichts sind 100 kg, das sind 50 % $= \dfrac{50}{100}$ von 200 kg.

Ein Viertel des Gewichts sind 50 kg, das sind 25 % $= \dfrac{25}{100}$ von 200 kg.

Ein Fünftel des Gewichts sind 40 kg, das sind 20 % $= \dfrac{20}{100}$ von 200 kg.

Ein Hundertstel des Gewichts sind 2 kg, das sind 1 % $= \dfrac{1}{100}$ von 200 kg.

31

p in %	1	15	40	52	60
W in DM	2,5	37,5	100	130	150

p in %	1	5	20	79	94
W in g	3	15	60	237	282

32

a)

Prozentsatz in %	1	10	20	70
Prozentwert	4	40	80	280

Balkendiagramm

10 %   20 %   70 %

b)

Prozentsatz in %	1	25	75
Prozentwert	3	75	225

Kreisdiagramm

Hellgrau: 25 %
Dunkelgrau: 75 %

c)

Prozentsatz in %	1	10	30	60
Prozentwert	9	90	270	540

Säulendiagramm:

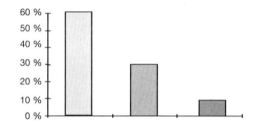

33

a) 1. Schritt: 45 % ≙ 15 kg und 100 % ≙ ? kg

2. Schritt: 1 % ≙ $\frac{15}{45}$ kg = $\frac{1}{3}$ kg

3. Schritt: 100 % ≙ $\frac{1}{3}$ kg · 100 = $\frac{1 \cdot 100}{3}$ kg = $33\frac{1}{3}$ kg

100 % entsprechen $33\frac{1}{3}$ kg.

b) 1. Schritt: 24 % ≙ 30 DM und 100 % ≙ ? DM

2. Schritt: 1 % ≙ $\frac{30}{24}$ DM = $\frac{5}{4}$ DM

3. Schritt: 100 % ≙ $\frac{5 \cdot 100}{4}$ DM = $\frac{5 \cdot 25}{1}$ DM = 125 DM

100 % entsprechen 125 DM.

c) 1. Schritt: 56 % ≙ 28 l und 100 % ≙ ? l

2. Schritt: 1 % ≙ $\frac{28}{56}$ l = $\frac{1}{2}$ l

3. Schritt: $100\ \% \triangleq \dfrac{1 \cdot 100}{2}\ l = 50\ l$

100 % entsprechen 50 l.

d) 1. Schritt: $13\ \% \triangleq 39\ S$ und $100\ \% \triangleq ?\ S$

2. Schritt: $1\ \% \triangleq \dfrac{39}{13}\ S = 3\ S$

3. Schritt: $100\ \% \triangleq 3 \cdot 100\ S = 300\ S$

100 % entsprechen 300 Schülern.

34

a) 1. Schritt: $60\ \% \triangleq 384{,}00\ DM$ und $100\ \% \triangleq ?\ DM$

2. Schritt: $1\ \% \triangleq \dfrac{384}{60}\ DM = \dfrac{64}{10}\ DM$

3. Schritt: $100\ \% \triangleq \dfrac{64 \cdot 100}{10}\ DM = 640\ DM$

Klaus verdient im Monat 640,00 DM.

b) 1. Schritt: $40\ \% \triangleq 4 \cdot 85\ km = 340\ km$ und $100\ \% = ?\ km$

2. Schritt: $1\ \% \triangleq \dfrac{340}{40}\ km = \dfrac{34}{4}\ km = \dfrac{17}{2}\ km$

3. Schritt: $100\ \% \triangleq \dfrac{17 \cdot 100}{2}\ km = \dfrac{17 \cdot 50}{1} = 850\ km$

Die Städte sind 850 km voneinander entfernt.

c) 1. Schritt: $30\ \% \triangleq 1{,}5\ l = \dfrac{3}{2}\ l$ und $100\ \% \triangleq ?\ l$

2. Schritt: $1\ \% \triangleq \dfrac{3}{2}\ l : 30 = \dfrac{3 \cdot 1}{2 \cdot 30}\ l = \dfrac{1 \cdot 1}{2 \cdot 10}\ l = \dfrac{1}{20}\ l$

3. Schritt: $100\ \% \triangleq \dfrac{1 \cdot 100}{20}\ l = 5\ l$

Rolf erhält 5 l Fruchtsaftbowle.

35

a) 1. Schritt: $100\ \% \triangleq 168{,}00\ DM$ und $25\ \% \triangleq ?\ DM$

2. Schritt: $1\ \% \triangleq \dfrac{168}{100}\ DM$

3. Schritt: 25 % $\triangleq \dfrac{168 \cdot 25}{100}$ DM = $\dfrac{168 \cdot 1}{4}$ DM = 42 DM

25 % entsprechen 42,00 DM.

b) 1. Schritt: 100 % $\triangleq$ 35 kg und 12 % $\triangleq$? kg

2. Schritt: 1 % $\triangleq \dfrac{35}{100}$ kg = $\dfrac{7}{20}$ kg

3. Schritt: 12 % $\triangleq \dfrac{7 \cdot 12}{20}$ kg = $\dfrac{7 \cdot 6}{10}$ kg = $\dfrac{42}{10}$ kg = 4,2 kg

12 % entsprechen 4,2 kg.

c) 1. Schritt: 100 % $\triangleq$ 1125 m und 40 % $\triangleq$? m

2. Schritt: 1 % $\triangleq \dfrac{1125}{100}$ m

3. Schritt: 40 % $\triangleq \dfrac{1125 \cdot 40}{100}$ m = $\dfrac{1125 \cdot 4}{10}$ m = $\dfrac{4500}{10}$ m = 450 m

40 % entsprechen 450 m.

d) 1. Schritt: 100 % $\triangleq$ 96 qm und 75 % $\triangleq$? qm

2. Schritt: 1 % $\triangleq \dfrac{96}{100}$ qm = $\dfrac{24}{25}$ qm

3. Schritt: 75 % $\triangleq \dfrac{24 \cdot 75}{25}$ qm = $\dfrac{24 \cdot 3}{1}$ qm = 72 qm

75 % entsprechen 72 qm.

36

a) 1. Schritt: 100 % $\triangleq$ 50 l und 84 % $\triangleq$? l

2. Schritt: 1 % $\triangleq \dfrac{50}{100}$ l = $\dfrac{1}{2}$ l

3. Schritt: 84 % $\triangleq \dfrac{1 \cdot 84}{2}$ l = $\dfrac{1 \cdot 42}{1}$ l = 42 l

Der Anteil an Kohlenstoff beträgt etwa 42 l.

b) 1. Schritt: 100 % $\triangleq$ 20 DM und 90 % $\triangleq$? DM

2. Schritt: 1 % $\triangleq \dfrac{20}{100}$ DM = $\dfrac{1}{5}$ DM

3. Schritt: 90 % $\triangleq \dfrac{1 \cdot 90}{5}$ DM = $\dfrac{1 \cdot 18}{1}$ DM = 18 DM

90 % des regulären Preises für 10 kg Kartoffeln sind 18,00 DM.

c) 1. Schritt: 100 % ≙ 320 qm und 20 % ≙ ? qm

2. Schritt: 1 % ≙ $\dfrac{320}{100}$ qm = $\dfrac{32}{10}$ qm

3. Schritt: 20 % ≙ $\dfrac{32 \cdot 20}{10}$ qm = $\dfrac{32 \cdot 2}{1}$ qm = 64 qm

Der Gemüsegarten wird 64 qm groß sein.

37

a) 1. Schritt: 480 DM ≙ 100 % und 36 DM ≙ ? %

2. Schritt: 1 DM ≙ $\dfrac{100}{480}$ % = $\dfrac{10}{48}$ % = $\dfrac{5}{24}$ %

3. Schritt: 36 DM ≙ $\dfrac{5 \cdot 36}{24}$ % = $\dfrac{5 \cdot 3}{2}$ % = $\dfrac{15}{2}$ % = 7,5 %

36 DM sind 7,5 % der Gesamtsumme.

b) 1. Schritt: 25 l ≙ 100 % und 2 l ≙ ? %

2. Schritt: 1 l ≙ $\dfrac{100}{25}$ % = $\dfrac{4}{1}$ % = 4 %

3. Schritt: 2 l ≙ 4 · 2 % = 8 %

2 l sind 8 % von 25 l.

c) 1. Schritt. 1560 m ≙ 100 % und 78 m ≙ ? %

2. Schritt: 1 m ≙ $\dfrac{100}{1560}$ % = $\dfrac{10}{156}$ % = $\dfrac{5}{78}$ %

3. Schritt: 78 m ≙ $\dfrac{5 \cdot 78}{78}$ % = 5 %

78 m sind 5 % von 1560 m.

d) 1. Schritt: 8450 qm ≙ 100 % und 3042 qm ≙ ? %

2. Schritt: 1 qm ≙ $\dfrac{100}{8450}$ % = $\dfrac{10}{845}$ % = $\dfrac{2}{169}$ %

3. Schritt: 3042 qm ≙ $\dfrac{2 \cdot 3042}{169}$ % = $\dfrac{6084}{169}$ % = 36 %

3042 qm sind 36 % von 8450 qm.

38

a) 1. Schritt: 300 Seiten ≙ 100 % und 78 Seiten ≙ ? %

2. Schritt: 1 Seite ≙ $\dfrac{100}{300}$ % = $\dfrac{1}{3}$ %

3. Schritt: 78 Seiten $\triangleq \dfrac{1 \cdot 78}{3}$ % $= \dfrac{1 \cdot 26}{1}$ % = 26 %

78 Seiten entsprechen 26 % des Buchumfanges.

b) 1. Schritt: 650 Plätze $\triangleq$ 100 % und 507 Plätze $\triangleq$? %

2. Schritt: 1 Platz $\triangleq \dfrac{100}{650}$ % $= \dfrac{2}{13}$ %

3. Schritt: 507 Plätze $\triangleq \dfrac{2 \cdot 507}{13}$ % $= \dfrac{2 \cdot 39}{1}$ % = 78 %

Die Zugplätze sind zu 78 % belegt.

c) 1. Schritt: 390,00 DM $\triangleq$ 100 % und 234,00 DM $\triangleq$? %

2. Schritt: 1,00 DM $\triangleq \dfrac{100}{390}$ % $= \dfrac{10}{39}$ %

3. Schritt: 234,00 DM $\triangleq \dfrac{10 \cdot 234}{39}$ % $= \dfrac{10 \cdot 78}{13}$ % $= \dfrac{10 \cdot 6}{1}$ % = 60 %

Ina hat 60 % des Kaufpreises gespart.

39   1. Schritt: 230 Schüler $\triangleq$ 100 % und 23 Schüler $\triangleq$? %,
161 Schüler $\triangleq$? %, 46 Schüler $\triangleq$? %

2. Schritt: 1 Schüler $\triangleq \dfrac{100}{230}$ % $= \dfrac{10}{23}$ %

3. Schritt: 23 Schüler $\triangleq \dfrac{10 \cdot 23}{23}$ % = 10 %

161 Schüler $\triangleq \dfrac{10 \cdot 161}{23}$ % $= \dfrac{10 \cdot 7}{1}$ % = 70 %

46 Schüler $\triangleq \dfrac{10}{23}$ % $= \dfrac{10 \cdot 46}{23}$ % $= \dfrac{10 \cdot 2}{1}$ % = 20 %

10 % der Schüler beendeten die Schule mit der Note 1, 70 % mit der Note 2
oder 3 und 20 % mit der Note 4.

Das dazugehörige Säulendiagramm:

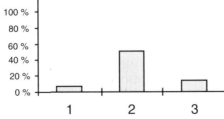

T6

1.

Prozentsatz in %	1	46	67	70
Menge in kg	1,5	69	100,5	105

2. $\dfrac{50}{100} = 50\ \%$ $\qquad\qquad$ $0,25 = 25\ \%$ $\qquad\qquad$ $\dfrac{1}{4} = 25\ \%$

25 % $\qquad$ 25 %

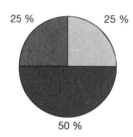

50 %

3. 1. Schritt: 26 % ≙ 104 DM und
$\qquad\qquad$ 100 % ≙ ? DM

$\quad$ 2. Schritt: 1 % ≙ $\dfrac{104}{26}$ DM = 4 DM

$\quad$ 3. Schritt: 100 % ≙ 4 DM · 100 = 400 DM
$\quad$ Ina erheilt 400,00 DM zum Geburtstag.

4. Prozentwert: 106,00 DM
$\quad$ Prozentsatz: 26 %
$\quad$ Grundwert: 400,00 DM

III

1. Schritt: 100 % ≙ 10 S

2. Schritt: 1 % ≙ $\dfrac{10}{100}$ S = $\dfrac{1}{10}$ S

3. Schritt: 20 % ≙ $\dfrac{1 \cdot 20}{10}$ S = 2 S

Zwei Stäbe müssen umgelegt werden.
Aus VI + I = II wird V − III = II.

T7

1. 50 % von 118 kg sind 59 kg.
$\quad$ 20 % von 120 m sind 24 m.
$\quad$ 33 % von 99 km sind 33 km.
$\quad$ 10 % von 4 cm sind 0,4 cm.

2. $p = \dfrac{W \cdot 100}{G}$

3. $p = \dfrac{27 \cdot 100}{540} = \dfrac{1 \cdot 10}{2} = 5$

   27 m von 540 m sind 5 %.

4. $G = \dfrac{42 \cdot 100}{24}\,l = \dfrac{7 \cdot 100}{4} = \dfrac{7 \cdot 25}{1}\,l = 175\,l$

   Der Grundwert ist gleich 175 l.

5. a) 200 ‰ von 45 km sind 9 km.
   b) 1‰ von 987 m sind 0,987m.

6. 56 % = 560 ‰   0,1 % = 1 ‰
   35 ‰ = 3,5 %   679 ‰ = 67,9 %

40

a) $A = 5 \cdot 4 = 20$
b) $z = 56 : 4 = 14$

c) $ö = \dfrac{50 \cdot 10}{200} = \dfrac{5}{2} = 2\dfrac{1}{2}$

41

a) $G = \dfrac{7 \cdot 100}{35}\,kg = \dfrac{1 \cdot 100}{5}\,kg = \dfrac{1 \cdot 20}{1}\,kg = 20\,kg$

   Der Grundwert ist 20 kg.

b) $G = \dfrac{48 \cdot 100}{64}\,l = \dfrac{3 \cdot 100}{4}\,l = \dfrac{3 \cdot 25}{1}\,l = 75\,l$

   Der Grundwert ist 75 l.

c) $G = \dfrac{210 \cdot 100}{15}\,m = \dfrac{14 \cdot 100}{1}\,m = 1400\,m$

   Der Grundwert ist 1400 m.

d) $G = \dfrac{301 \cdot 100}{86}\,cm = \dfrac{301 \cdot 50}{43}\,cm = \dfrac{7 \cdot 50}{1}\,cm = 350\,cm$

   Der Grundwert ist 350 cm.

42

a) Gesucht: $G = x$ g, gegeben: $W = 485$ g, $p\% = 97\%$

   $G = \dfrac{485 \cdot 100}{97}\,g = \dfrac{5 \cdot 100}{1}\,g = 500\,g$

   Es sind 500 g Speisesalz vorhanden.

b) Gesucht: $G = x$ Pf, gegeben: $W = 96$ Pf, $p\% = 16\%$

   $G = \dfrac{96 \cdot 100}{16}\,Pf = \dfrac{6 \cdot 100}{1}\,Pf = 600\,Pf$

Susi hat 600 Pf = 6,00 DM für das Buch bezahlt.

c) Gesucht: G = x kg, gegeben: W = 33 l, p % = 60 %

$$G = \frac{33 \cdot 100}{60} \ l = \frac{33 \cdot 5}{3} \ l = \frac{11 \cdot 5}{1} \ l = 55 \ l$$

55 l entsprechen 55 kg; Uwe wiegt also 55 kg.

43

a) $W = \frac{170 \cdot 15}{100} \ l = \frac{17 \cdot 3}{2} \ l = \frac{51}{2} \ l = 25\frac{1}{2} \ l = 25,5 \ l$

15 % von 170 l sind 25,5 l.

b) $W = \frac{25 \cdot 2}{100} \ qm = \frac{1}{2} \ qm = 0,5 \ qm$

2 % von 25 qm sind 0,5 qm.

c) $W = \frac{760 \cdot 15}{100} \ m = \frac{76 \cdot 3}{2} \ m = \frac{38 \cdot 3}{1} \ m = 114 \ m$

15 % von 760 m sind 114 m.

d) $W = \frac{620 \cdot 35}{100} \ DM = \frac{62 \cdot 7}{2} \ DM = \frac{31 \cdot 7}{1} \ DM = 217 \ DM$

35 % von 620,00 DM sind 217,00 DM.

44

a) Gesucht: W = x m, gegeben: G = 11022 m, p % = 80 %

$= 8817\frac{6}{10} \ m = 8817,6 \ m$

Der Berg ist etwa 8817,6 m hoch.

b) Gesucht: W = x DM, gegeben: G = 56,00 DM, p % = 5 %
$= 2,80 \ DM$
Jan hat 2,80 DM verdient.

c) Gesucht: W = x DM, gegeben: G = 690 DM, p % = 30 %

$$W = \frac{690 \cdot 30}{100} \ DM = \frac{69 \cdot 3}{1} \ DM = 207 \ DM$$

Man spart 207,00 DM beim Kauf des Rades zum ermäßigten Preis.

45

a) $p = \frac{11 \cdot 100}{4400} = \frac{1 \cdot 1}{4} = \frac{1}{4} = \frac{25}{100}$

Der Prozentsatz ist 25 %.

b) $p = \frac{76 \cdot 100}{190} = \frac{4 \cdot 10}{1} = 40$

Der Prozentsatz ist 40 %.

c) $p = \dfrac{296 \cdot 100}{370} = \dfrac{8 \cdot 10}{1} = 80$

Der Prozentsatz ist 80 %.

d) $p = \dfrac{39 \cdot 100}{650} = \dfrac{3 \cdot 10}{5} = \dfrac{3 \cdot 2}{1} = 6$

Der Prozentsatz ist 6 %.

46

a) Gegeben: G = 3600 DM, W = 1260 DM, gesucht: p % = x %

$p = \dfrac{1260 \cdot 100}{3600} = \dfrac{1260 \cdot 1}{36} = \dfrac{35 \cdot 1}{1} = 35$

Herr Meier gibt 35 % seines monatlichen Geldes für Miete aus.

b) Gegeben: G = 55 DM, W = 33 DM, gesucht: p % = x %

$p = \dfrac{33 \cdot 100}{55} = \dfrac{3 \cdot 100}{5} = \dfrac{3 \cdot 20}{1} = 60$

Sigrid zahlte 60 % des ursprünglichen Preises.

c) Gegeben: G = 150 cm, W = 138 cm, gesucht: p % = x %

$p = \dfrac{138 \cdot 100}{150} = \dfrac{138 \cdot 2}{3} = \dfrac{46 \cdot 2}{1} = 92$

Es sind noch 92 % des Wassers vorhanden.

47

a) $p = \dfrac{42 \cdot 100}{32} = \dfrac{21 \cdot 25}{4} = \dfrac{525}{4} = 131\dfrac{1}{4} = 131\dfrac{25}{10} = 131,25$

Der Prozentsatz ist gleich 131,25 %.

b) $p = \dfrac{168 \cdot 100}{160} = \dfrac{168 \cdot 5}{8} = \dfrac{21 \cdot 5}{1} = 105$

Der Prozentsatz ist gleich 105 %.

c) $W = \dfrac{196 \cdot 150}{100} \, l = \dfrac{196 \cdot 3}{2} \, l = \dfrac{98 \cdot 3}{1} \, l = 294 \, l$

Der Prozentwert ist gleich 294 l.

d) $W = \dfrac{25 \cdot 118}{100} \, qm = \dfrac{1 \cdot 118}{4} \, qm = \dfrac{1 \cdot 59}{2} \, qm = 29\dfrac{1}{2} \, qm = 29,5 \, qm$

Der Prozentwert ist gleich 29,5 qm.

e) $G = \dfrac{411 \cdot 100}{137} \, t = \dfrac{3 \cdot 100}{1} \, t = 300 \, t$

Der Grundwert ist gleich 300 t.

f) $G = \dfrac{436 \cdot 100}{109}$ m $= \dfrac{4 \cdot 100}{1}$ m $= 400$ m

Der Grundwert ist gleich 400 m.

48

a) Gesucht: p % = x %, gegeben: G = 72 S, W = 252 S

$p = \dfrac{252 \cdot 100}{72} = \dfrac{7 \cdot 100}{2} = \dfrac{7 \cdot 50}{1} = 350$

Bei der zweiten Wahl lag die Wahlbeteiligung bei 350 % gemessen an der ersten Wahl.

b) Gesucht: G = x DM, gegeben: W = 138,00 DM, p % = 115 %

$G = \dfrac{138 \cdot 100}{115}$ DM $= \dfrac{138 \cdot 20}{23}$ DM $= \dfrac{6 \cdot 20}{1}$ DM $= 120$ DM

Sven verdiente im letzten Monat 120,00 DM.

c) Gesucht: p % = x %, gegeben: G = 460 S, W = 69 S

$p = \dfrac{69 \cdot 100}{460} = \dfrac{69 \cdot 5}{23} = \dfrac{3 \cdot 5}{1} = 15$

Gemessen am letzten Konzert kamen in den vorherigen Monaten 15 % ins Konzert.

d) Gesucht: W = x kg, gegeben: G = 24 kg, p % = 125 %

$W = \dfrac{24 \cdot 125}{100}$ kg $= \dfrac{24 \cdot 5}{4}$ kg $= \dfrac{6 \cdot 5}{1}$ kg $= 30$ kg

Familie Schmidt erntete in diesem Jahr 30 kg Erdbeeren.

49

a) Gesucht: W = x E, gegeben G = 20 000 E, p % = $\dfrac{3}{4}$ = 75 %

$W = \dfrac{20000 \cdot 75}{100}$ E $= \dfrac{200 \cdot 75}{1}$ E $= 15000$ E

15 000 Haushalte haben bereits eine Bio-Tonne.

b) Gefragt: W = x F, gegeben: G = 25 F, p % = $\dfrac{2}{10}$ = 20 %

$W = \dfrac{25 \cdot 20}{100}$ F $= \dfrac{25 \cdot 1}{5}$ F $= \dfrac{5}{1}$ F $= 5$ F

Nicole kann noch mit 5 Filzstiften schreiben.

50

a) Gefragt: W = x G, gegeben: G = 350 G, p % = 80 %

$W = \dfrac{350 \cdot 80}{100}$ G $= \dfrac{35 \cdot 8}{1}$ G $= 280$ G

Frau Müller hat 280 Gartenrosen beschnitten, muss also noch 350 G – 280 G = 70 Gartenrosen beschneiden.

b) Gesucht: G = x H, gegeben: W = 2 Hosen, die er mag,

p % = $\dfrac{3}{5}$ = 60 % Hosen, die er nicht mag, also mag er

100 % – 60 % = 40 % seiner Hosen.

$$G = \frac{2 \cdot 100}{40}\, H = \frac{1 \cdot 10}{2}\, H = 5\, H$$

Frank besitzt 5 Hosen.

51

a) $G = \dfrac{3,3 \cdot 100}{15}\ \text{kg} = \dfrac{330}{15}\ \text{kg} = 22\ \text{kg}$

Der Grundwert ist gleich 22 kg.

b) $p = \dfrac{7,5 \cdot 100}{30} = \dfrac{1 \cdot 100}{4} = 25$

Der Prozentsatz ist gleich 25 %.

52

a) 3 m = 300 cm   b) 4 km = 4000 m
c) 1 Jahr = 12 Monate   d) 1 l = 1000 ml

53

Gefragt: p % = x %, gegeben: G = 2 m = 200 cm, W = 90 cm

$$p = \frac{90 \cdot 100}{200} = \frac{90 \cdot 1}{2} = 45$$

Die Breite entspricht 45 % der Länge.

54

a) Ich habe 10 % meiner Bücher gelesen.
b) 50 % meines Taschengeldes habe ich schon ausgegeben.
c) Hätte ich 20 % aller CDs von Karin, wäre ich glücklich.

55

a) $33\dfrac{1}{3}$ % von 99 ist gleich 33.

b) Ein Fünftel von 75 kg ist gleich 15 kg.
c) 10 % von 67,8 km ist gleich 6,78 km.
d) Die Hälfte von 68 000 m ist gleich 34 000 m.

56

0,7 % = 7 ‰   0,59 % = 5,9 ‰   12,5 % = 125 ‰
89 ‰ = 8,9 %   1171 ‰ = 117,1 %   4 ‰ = 0,4 %

57

a) $p = \dfrac{5 \cdot 1000}{2500} = \dfrac{1 \cdot 10}{5} = \dfrac{1 \cdot 2}{1} = 2$

Der Promillesatz p ‰ ist gleich 2 ‰.

b) $p = \dfrac{0,012 \cdot 1000}{3} = \dfrac{12}{3} = 4$

Der Promillesatz p ‰ ist gleich 4 ‰.

c) $W = \dfrac{25 \cdot 9}{1000}$ m $= \dfrac{225}{1000}$ m $= 0{,}225$ m

Der Promillewert ist gleich 0,225 m.

d) $W = \dfrac{5000 \cdot 0{,}4}{1000}$ ccm $= \dfrac{2000}{1000}$ ccm $= 2$ ccm

Der Promillewert ist gleich 2 ccm.

e) $G = \dfrac{3 \cdot 1000}{125}$ cm $= \dfrac{3 \cdot 8}{1}$ cm $= 24$ cm

Der Grundwert ist gleich 24 cm.

f) $G = \dfrac{3 \cdot 1000}{24}$ km $= \dfrac{1 \cdot 1000}{8}$ cm $= \dfrac{1 \cdot 125}{1}$ km $= 125$ km

Der Grundwert ist gleich 125 km.

58
a) 500 ‰ von 80 kg ist gleich 80 kg : 2 = 40 kg.
b) 250 ‰ von 160 l ist gleich 160 l : 4 = 40 l.
c) 200 ‰ von 60 qm ist gleich 60 qm : 5 = 12 qm.
d) 1 ‰ von 17 m ist gleich 17 m : 1000 = 0,017 m.
e) 100 ‰ von 430,00 DM ist gleich 430,00 DM : 10 = 43,00 DM.
f) 1000 ‰ von 98,76 g ist gleich 98,76 g : 1 = 98,76 g.

59
a) Gesucht: W = x l, gegeben: G = 5 l, p ‰ = 1,2 ‰

$W = \dfrac{5 \cdot 1{,}2}{1000}$ l $= \dfrac{6}{1000}$ l $= 0{,}006$ l

Herr Müller hatte zum Zeitpunkt des Unfalls 0,006 l Alkohol in seinem Blut.

b) Gesucht: G = x cm, gegeben: W = 2 mm, p ‰ = 4 ‰

$G = \dfrac{3 \cdot 1000}{4}$ mm $= \dfrac{3 \cdot 250}{1}$ mm $= 750$ mm

Der Cockerspaniel ist 750 mm = 75 cm lang.

c) Gesucht: p ‰ = x ‰, gegeben: W = 9 sec, G = 1 h
Da 1 h = 60 min und 1 min = 60 sec, ist 1 h = 3600 sec.

$p = \dfrac{9 \cdot 1000}{3600} = \dfrac{1 \cdot 10}{4} = 2\dfrac{2}{4} = 2{,}5$

9 sec sind 2,5 ‰ von 1 Stunde.

T8
1. a) $\dfrac{1}{5}$ von 50 kg sind (50 kg : 5) = 10 kg.

b) $\frac{1}{10}$ von 17 l sind (17 l : 10) = 1,7 l.

c) $\frac{1}{3}$ von 66 qm sind (66 qm : 3) = 22 qm.

2. a) $W = \frac{G \cdot p}{100}$

b) $W = \frac{60 \cdot 4}{100}$ m $= \frac{60 \cdot 1}{25}$ m $= \frac{12}{5}$ m $= 2\frac{2}{5}$ m $= 2\frac{4}{10}$ m $= 2,4$ m

4 % von 60 m sind 2,4 m.

3. Gesucht: p % = x %, gegeben: G = 90,00 DM, W = 117,00 DM

$p = \frac{117 \cdot 100}{90} = \frac{13 \cdot 10}{1} = 130$

Die Jeans kostet 130 % ihres gesparten Geldes.

4. Gesucht: p ‰ = x ‰, gegeben: G = 10000 m, W = 50 m

$p = \frac{50 \cdot 1000}{10\,000} = 5$

Jens hat bereits 5 ‰ der Strecke zurückgelegt.

IV

Prozentrechnung:

1,1	1,2	0,11	0,78	1,89	0,47	0,51	0,44	0,25
0,43	0,66	0,8	0,87	9,56	0,76	0,63	0,1	0,17
0,92	0,49	0,45	0,34	1,01	0,59	0,42	0,61	4
0,52	0,01	0,97	0,21	0,88	3	0,13	0,27	0,05
0,5	0,56	6,9	0,38	1,37	0,29	0,85	5,9	0,96
0,33	1	0,07	0,75	0,99	0,97	0,35	0,11	0,51
0,12	0,73	0,2	0,51	0,67	100	0,22	1,36	0,77

T9

1. Gesucht: p % = x DM, gegeben: K = 320 DM, Z = 12 DM

$p = \frac{12 \cdot 100}{320} = \frac{12 \cdot 5}{16} = \frac{3 \cdot 5}{4} = \frac{15}{4} = 3\frac{3}{4} = 3,75$

Der Zinssatz ist gleich 3,75 %.

2. Gesucht: Z = x DM, gegeben: K = 480,00 DM, p % = 5 %

$$Z = \frac{480 \cdot 5}{100} \text{ DM} = \frac{48 \cdot 1}{2} \text{ DM} = 24 \text{ DM}$$

Die Zinsen betragen 24 DM.

3. Für ein halbes Jahr hätte es nur die Hälfte der Zinsen gegeben, also 24 DM : 2 = 12 DM.

4. Gesucht: Z(t) = x DM, gegeben: K = 520 DM, p % = 4 %, t = 9 Tage

$$Z(t) = \frac{520 \cdot 4 \cdot 9}{100 \cdot 360} \text{ DM} = \frac{26 \cdot 1 \cdot 9}{25 \cdot 18} \text{ DM} = \frac{13 \cdot 1 \cdot 1}{25} \text{ DM}$$

$$= \frac{13}{25} \text{ DM} = \frac{52}{100} \text{ DM} = 0,52 \text{ DM}$$

Die Zinsen betragen 0,52 DM.

5. Gesucht: p(t) = x %, gegeben: K = 600 DM, Z(t) = 36 DM, t = 90 Tage

$$p(t) = \frac{36 \cdot 100 \cdot 360}{600 \cdot 90} = \frac{36 \cdot 1 \cdot 4}{6 \cdot 1} = 6 \cdot 4 = 24$$

Der Zinssatz ist gleich 24 %.

60
a) Kapital K = 1700 DM, Zinsen Z = 76,50 DM
b) Kapital K = 7800 DM, Zinssatz p % = 5,11 %, Dauer t = 3 Jahre
c) Kapital K = 550 DM, Zinssatz p % = 7 %, Dauer t = 4 Tage

61
a) $p = \frac{22,5 \cdot 100}{750} = \frac{22,5 \cdot 2}{15} = \frac{45}{15} = 3$

Der Zinssatz p % ist gleich 3 %.

b) $K = \frac{70 \cdot 100}{3,5} \text{ DM} = \frac{20 \cdot 100}{1} \text{ DM} = 2000 \text{ DM}$

Das Kapital ist gleich 2000,00 DM.

c) $Z = \frac{220 \cdot 5}{100} \text{ PF} = \frac{11 \cdot 5}{5} \text{ PF} = \frac{11 \cdot 1}{1} \text{ PF} = 11 \text{ PF}$

Die Zinsen betragen 11 Pfennige.

62
a) Gesucht K = x DM, gegeben: Z = 800 DM, p = 2,5 %

$$K = \frac{800 \cdot 100}{2,5} \text{ DM} = \frac{800 \cdot 40}{1} \text{ DM} = 32000 \text{ DM}$$

Herr Maier hat 32 000 DM Schulden bei der Bank.

b) Gesucht K = x DM, gegeben: Z = 24 000 DM, p = 4,8 %

$$K = \frac{24000 \cdot 100}{4,8} \text{ DM} = \frac{5000 \cdot 100}{1} \text{ DM} = 500000 \text{ DM}$$

Monika benötigt ein Kapital von 500 000 DM, um von den Zinsen leben zu können.

c) Gesucht: p % = x %, gegeben: K = 125 DM, Z = 6,50 DM

$$p = \frac{6,5 \cdot 100}{125} = \frac{6,5 \cdot 4}{5} = \frac{26}{5} = 5\frac{1}{5} = 5\frac{2}{10} = 5,2$$

Das Geld wurde mit 5,2 % verzinst.

d) Gesucht: Z = x DM, gegeben: K = 650 DM, p % = 6,8 %

$$Z = \frac{650 \cdot 6,8}{100} \text{ DM} = \frac{65 \cdot 6,8}{10} \text{ DM} = \frac{442}{10} \text{ DM} = 44,2 \text{ DM}$$

Sabine erhält 44,20 DM Zinsen.

63

a) $\frac{72 \cdot 1}{6}$ DM = 12 DM

Nach einem $\frac{1}{6}$ Jahr hätte Jan 12,00 DM erhalten.

b) $\frac{72 \cdot 1}{3}$ DM = 24 DM

Nach einem $\frac{1}{3}$ Jahr hätte Jan 24,00 DM erhalten.

c) $\frac{72 \cdot 3}{4}$ DM = 18 · 3 DM = 54 DM

Nach einem $\frac{3}{4}$ Jahr hätte Jan 54,00 DM erhalten.

64

a) $p(t) = \frac{3 \cdot 7}{360} = \frac{1 \cdot 7}{120} = \frac{7}{120}$, also ist p(t) % = $\frac{7}{120}$ %.

b) $p(t) = \frac{3 \cdot 21}{360} = \frac{1 \cdot 21}{120} = \frac{1 \cdot 7}{40} = \frac{7}{40}$, also ist p(t) % = $\frac{7}{40}$ %.

c) $p(t) = \frac{3 \cdot 80}{360} = \frac{3 \cdot 2}{9} = \frac{1 \cdot 2}{3} = \frac{2}{3}$, also ist p(t) % = $\frac{2}{3}$ %.

d) $p(t) = \frac{3 \cdot 120}{360} = \frac{3 \cdot 1}{3} = \frac{1 \cdot 1}{1} = 1$, also ist p(t) % = 1 %.

65

a) $Z(t) = \dfrac{40 \cdot 18}{360}$ DM $= \dfrac{1 \cdot 18}{9}$ DM $= \dfrac{2}{1}$ DM $= 2$ DM, also ist $Z(t)$
gleich 2,00 DM.

b) $Z(t) = \dfrac{40 \cdot 99}{360}$ DM $= \dfrac{1 \cdot 99}{9}$ DM $= \dfrac{11}{1}$ DM $= 11$ DM, also ist $Z(t)$
gleich 11,00 DM.

c) $Z(t) = \dfrac{40 \cdot 288}{360}$ DM $= \dfrac{1 \cdot 288}{9}$ DM $= \dfrac{32}{1}$ DM $= 32$ DM, also ist
$Z(t)$ gleich 32,00 DM

66

Anzahl der Tage	4	25	140	237	301	359	360
Zinsen in DM	0,80	5	28	47,40	60,20	71,80	72

67

a) Gesucht: $Z(t) = x$ DM, gegeben: $K = 80$ DM, $p\% = 4,5\%$, $t = 333$ Tage

$= \dfrac{333}{100}$ DM $= 3,33$ DM

Wiebke bekam 3,33 DM Zinsen für ihr Erspartes.

b) Gesucht: $Z(t) = x$ DM, gegeben: $K = 270$ DM, $p\% = 4,5\%$, $t = 240$ Tage

$= \dfrac{81}{10}$ DM $= 8,1$ DM

Nein, denn nach 270 Tagen erhält Mark nur 8,10 DM Zinsen.

68

Die Zinsen für das Konto von Frau Müller:

Datum	Haben in DM (Guthaben)	Soll in DM (Schulden)	Dauer in Tagen	Tageszinsen	
				Haben	Soll
1.4.	720		5	0,4	
6.4.		90	20		0,5
26.4.	150		6	0,1	
2.5.	Abrechnung	Abrechnung		0,5	0,5

1. Tageszinsen Haben: 0,4 DM + 0,1 DM = 0,5 DM
2. Tageszinsen Soll: 0,5 DM
3. Zinsen Gesamt: 0,5 DM - 0,5 DM = 0 DM
   Frau Müller erhält keine Zinsen und muss auch keine Zinsen zahlen.

69

a) Gesucht: K = x DM, gegeben: Z(t) = 40 DM, p % = 4,5 %, t = 320 Tage

$$K = \frac{40 \cdot 100 \cdot 360}{4,5 \cdot 320} \text{ DM} = \frac{1 \cdot 100 \cdot 80}{1 \cdot 8} \text{ DM} = \frac{1 \cdot 100 \cdot 10}{1 \cdot 1} \text{ DM}$$

= 1000 DM, also ist das Kapital gleich 1000 DM.

b) Gesucht: K = x DM, gegeben: Z(t) = 140,00 DM, p % = 3,5 %, t = 120 Tage

$$K = \frac{140 \cdot 100 \cdot 360}{3,5 \cdot 120} \text{ DM} = \frac{40 \cdot 100 \cdot 3}{1 \cdot 1} \text{ DM} = 12\,000 \text{ DM},$$

also ist das Kapital gleich 12 000 DM.

c) Gesucht: K = x DM, gegeben: Z(t) = 4,50 DM, p % = 4 %, t = 10 Tage

$$K = \frac{4,5 \cdot 100 \cdot 360}{10 \cdot 4} \text{ DM} = \frac{4,5 \cdot 10 \cdot 90}{1 \cdot 1} \text{ DM} = 4050 \text{ DM},$$

also ist das Kapital gleich 4050 DM.

70

a) Gesucht: K = x DM, gegeben: Z(t) = 5,50 DM, p % = 11 %, t = 72 Tage

$$K = \frac{5,5 \cdot 100 \cdot 360}{11 \cdot 72} \text{ DM} = \frac{1 \cdot 100 \cdot 5}{2 \cdot 1} \text{ DM} = \frac{1 \cdot 50 \cdot 5}{1 \cdot 1} \text{ DM}$$

= 250 DM, also möchte Kurt sich 250 DM leihen.

b) Gesucht: K = x DM, gegeben: Z(t) = 14,00 DM, p % = 3,5 %, t = 144 Tage

$$K = \frac{14 \cdot 100 \cdot 360}{3,5 \cdot 144} \text{ DM} = \frac{4 \cdot 100 \cdot 15}{1 \cdot 6} \text{ DM} = \frac{4 \cdot 50 \cdot 5}{1 \cdot 1} \text{ DM}$$

= 1000 DM, also hat Astrid 1000 DM auf ihrem Sparbuch.

71

Berechne die fehlenden Jahreszinssätze:

1.	K = 680 DM	Z(t) = 34 DM	t = 300 Tage	p% = 6 %
2.	K = 720 DM	Z(t) = 0,78 DM	t = 5 Tage	p% = 7,8 %
3.	K = 480 DM	Z(t) = 2,40 DM	t = 150 Tage	p% = 1,2 %

72

a) Gesucht: p % = x %, gegeben: K = 360 DM, Z(t) = 35,00 DM, t = 350 Tage

$$p = \frac{35 \cdot 100 \cdot 360}{360 \cdot 350} = \frac{1 \cdot 100 \cdot 1}{1 \cdot 10} = \frac{100}{10} = 10$$

Der jährliche Zinssatz beträgt 10 %.

b) Gesucht: p % = x %, gegeben: K = 120 DM, Z(t) = 2,70 DM, t = 135 Tage

$$p = \frac{2,7 \cdot 100 \cdot 360}{120 \cdot 135} = \frac{2,7 \cdot 5 \cdot 24}{6 \cdot 9} = \frac{2,7 \cdot 5 \cdot 4}{1 \cdot 9} = \frac{54}{9} = 6$$

Der jährliche Zinssatz beträgt 6 %. Da die erste Bank ihm einen jährlichen Zinssatz von 7 % zahlt, sollte er sein Geld bei dieser anlegen.

T10

1. a) $p(t) = \dfrac{3 \cdot 4}{360} = \dfrac{12}{360} = \dfrac{1}{30}$, also ist $p(t)$ % $= \dfrac{1}{30}$ %.

   b) $p(t) = \dfrac{3 \cdot 90}{360} = \dfrac{3 \cdot 1}{4} = \dfrac{3}{4} = 0,75$, also ist $p(t)$ % $= 0,75$ %.

2. a) $Z(t) = \dfrac{60 \cdot 60}{360}$ DM $= \dfrac{1 \cdot 60}{6}$ DM $= \dfrac{10}{1}$ DM $= 10$ DM

   Frau Montez hätte nach 60 Tagen 10,00 DM Zinsen erhalten.

   b) $Z(t) = \dfrac{60 \cdot 96}{360}$ DM $= \dfrac{1 \cdot 96}{6}$ DM $= \dfrac{16}{1}$ DM $= 16$ DM

   Frau Montez hätte nach 60 Tagen 16,00 DM Zinsen erhalten.

3. Gesucht: $Z = x$ DM, gegeben: $K = 550,00$ DM, p % $= 4$ %

   $$Z = \dfrac{550 \cdot 4}{100} \text{ DM} = \dfrac{55 \cdot 2}{5} \text{ DM} = \dfrac{11 \cdot 2}{1} \text{ DM} = 22 \text{ DM}$$

   Anke erhält nach einem Jahr 22,00 DM Zinsen.

4. Gesucht: $K = x$ DM, gegeben: $Z = 285,00$ DM, p % $= 9,5$ %

   $$K = \dfrac{285 \cdot 100}{9,5} \text{ DM} = \dfrac{30 \cdot 100}{1} \text{ DM} = 3000 \text{ DM}$$

   Ein Kapital von 3000,00 DM erbrachte diese Zinsen.

5. Gesucht: $Z(t) = x$ DM, gegeben: $K = 10000$ DM, p % $= 3$ %, $t = 3$ Tage

   $$Z(t) = \dfrac{10000 \cdot 3 \cdot 3}{100 \cdot 360} \text{ DM} = \dfrac{10 \cdot 1 \cdot 1}{40} \text{ DM} = 2,50 \text{ DM}$$

   Michael erhält 2,50 DM Zinsen für sein Geld.

V

1.				Z	I	N	S	S	A	T	Z
2.		K	A	P	I	T	A	L	
3.			E	I	N	H	U	N	D	E	R	T
4.					S	O	L	L	
5.			D	R	E	I	S	S	I	G
6.	P	R	O	Z	E	N	T		

Das Lösungswort lautet: Zinsen.